AF316166

V

42548

RENSEIGNEMENTS NAUTIQUES

SUR

NOSSI-BÉ, NOSSI-MITSIOU, BAVATOUBÉ, ETC.,

ET SUR L'ILE MAYOTTE.

DÉPOT GÉNÉRAL DE LA MARINE.

RENSEIGNEMENTS NAUTIQUES

SUR

NOSSI-BÉ, NOSSI-MITSIOU, BAVATOUBÉ, ETC.

(CÔTE N. O. DE MADAGASCAR),

ET SUR L'ILE MAYOTTE,

Par M. JEHENNE,

capitaine de corvette, commandant la gabarre *la Prévoyante*.

(PUBLIÉ PAR ORDRE DE M. LE MINISTRE DE LA MARINE.)

PRIX : 1 FRANC 50 CENTIMES.

(*Extraits des Annales maritimes et coloniales* (mars 1843).)

PARIS,

IMPRIMERIE ADMINISTRATIVE DE PAUL DUPONT,

Rue de Grenelle-Saint-Honoré, 55.

1850

RENSEIGNEMENTS NAUTIQUES

NOSSI-BÉ, NOSSI-MITSIOU, BAVATOUBÉ, ETC.

(CÔTE N. O. DE MADAGASCAR).

―――――o――――――

Ces renseignements écrits, sur les lieux mêmes, après une exploration minutieuse, ont été adressés, en septembre 1840, à M. le contre-amiral de Hell, gouverneur de Bourbon.

Depuis ce moment, les relations entre cette colonie et la côte N. O. de Madagascar n'ayant point eu d'interruption, surtout depuis la prise de possession de *Nossi-Bé*, qui eut lieu le 5 mars 1841, les commandants des bâtiments qui y ont été successivement envoyés ont dû rapporter des documents qui auront l'avantage, non-seulement de rectifier les erreurs que nous avons pu commettre, mais aussi de suppléer à ce que ce mémoire peut avoir d'imparfait. Déjà M. le commandant Bérard, dont le nom fait autorité en cette matière, a bien voulu donner son approbation à notre travail sur *Nossi-Bé* et ses environs, ainsi qu'à celui de Mayotte, en le consultant pour les détails de l'utile carte qu'il a publiée l'année dernière. Si messieurs les commandants des bâtiments qui ont séjourné plus longtemps que nous dans l'île Mayotte, et qui ont fait continuer l'exploration que nous avons commencée, publient aussi le résultat de leurs opérations, on finira par réunir un ensemble de travaux très-intéressants pour la navigation de cette partie du canal de Mozambique.

Nous donnerons prochainement les renseignements nautiques que nous avons recueillis sur Mayotte, en 1842, pendant que nous faisions la reconnaissance de la côte Est et Sud de cette île. D'un autre côté, M. le Ministre ayant ordonné que les cartes et plans dressés pendant le voyage de *la Prévoyante* fussent gravés immédiatement, on peut espérer que, dans quelques mois, tout notre travail sera rendu public [1].

Nous avons cru nécessaire, pour l'intelligence de ce mémoire, d'indiquer par quelques notes les changements survenus depuis qu'il est écrit.

Position géographique. Nos-Bé, ou plutôt *Nossi-Bé*, comme le prononcent les indigènes, ou encore Variou-Bé, mot adopté récemment par les Sakalaves, veut dire île grande. C'est en effet la plus grande des îles situées à la côte N. O. de Madagascar. Elle est comprise entre les parallèles de 13° 10′ 44″ et 13° 24′ 46″ S., et entre les méridiens de 46° 4′ 32″ et 45° 53′ 47″ à l'E. de Paris. Cette longitude est celle que nous lui avons assignée d'après nos montres ; elle diffère de 8′ 28″ avec celle donnée par le capitaine Owen ; et cette même différence nous l'avons retrouvée, à peu de chose près, sur presque tous les points de la côte de Madagascar où nous avons abordé, c'est-à-dire que nous reportons de 6 à 9 minutes de degré plus à l'E. toutes les positions d'Owen. La frégate *l'Uranie*, sous le commandement de M. Bérard, la corvette *la Dordogne*, sous le commandement de M. Guillain, et plusieurs autres bâtiments de la station de Bourbon, ont fait la même remarque. Cela provient, sans doute, de ce que la différence des méridiens entre Saint-Denis, où ont été réglées nos montres, et le cap de Bonne-Espérance, où ont été réglées celles des Anglais, n'est pas encore parfaitement déterminée.

La moyenne de toutes les observations qui ont été faites pour avoir la déclinaison de l'aiguille aimantée a donné pour résultat 10° 50′ 28″ N. O.

Aspect du pays.— Montagnes. Le point culminant de *Nossi-Bé* est à sa partie Sud [2]. Il est élevé de 453 mètres au-dessus du niveau de la mer, et peut s'apercevoir, de beau temps, à une distance de 12 à 15 lieues. Ce sommet appartient à une vaste forêt qui domine toute la côte Sud, et dont les arbres semblent d'autant plus épais et

---

[1] Ce travail forme les nᵒˢ 986, 987, 988, 989, 990, 991 et 1046 de l'hydrographie française. Nous donnons plus loin les renseignements sur Mayotte.

[2] On désigne cette montagne dans le pays sous le nom de Lucoubé.

plus beaux qu'ils sont à une plus grande élévation. Pas un point de ce morne n'est à nu, si ce n'est la base dans le voisinage des habitations, et le côté Ouest où le défrichement, par le moyen du feu, a fait périr quantité d'arbres [1]. Le centre de l'île est dominé par plusieurs mornes d'une moindre élévation que celui de la forêt, et qui, au lieu d'arbres, n'ont pour ornement que de hautes herbes jaunes d'un aspect peu agréable. D'autres mornes, par leur forme en tronc de cône, semblent avoir été, dans des siècles reculés, des foyers de volcans ; du reste, on trouve partout des morceaux de lave et des terrains volcaniques. Plusieurs de ces mornes recèlent, dans l'espace qui les joint, des lacs au nombre de 7 ou 8, et dont quelques-uns, dit-on, ont une certaine étendue. On y trouve aussi quelques plaines assez belles, mais dont les terres sont, je crois, peu fertiles.

Les lieux les mieux cultivés sont ceux qui avoisinent la mer, et où se trouve surtout une plage de sable qui permet aux pirogues d'accoster et d'y être halées à terre. Partout où se rencontre cet avantage, on est sûr de trouver de nombreuses habitations et des cultures dans un rayon assez étendu. En général, l'aspect de l'île est agréable à l'œil par sa verdure, qui s'étend jusqu'aux bords de la mer, par ses baies variées et ses vallons fertiles. La partie Nord cependant est un peu plus aride, et là seulement les pointes qui s'avancent dans la mer sont dépourvues de verdure, et présentent à la lame leurs roches noires et aiguës.

Nossi-Bé ne possède point de rivières, mais seulement quelques ruisseaux où une eau potable coule toute l'année. Il est probable qu'ils prennent leurs sources dans les lacs dont j'ai parlé plus haut. Un des principaux ruisseaux passe au pied du plateau sur lequel M. Passot [2] a établi le nouveau village de la Reine. Ce village devenu la capitale de l'île, a pris immé-

Cours d'eau.

---

[1] On nous a assuré que, malgré la vigilance apportée par le commandant de l'île à la conservation de cette forêt, le feu y avait été mis dans plusieurs endroits par les indigènes, de telle sorte qu'il faut déjà monter beaucoup pour arriver aux arbres dont on pourrait tirer parti pour les constructions civiles.

[2] M. le capitaine Passot, aidé de camp de M. le contre-amiral de Hell, avait pris passage sur *la Prévoyante*, pour remplir une mission particulière auprès de la jeune reine des Sakalaves, établie sur Nossi-Bé. Cet officier, dans un voyage précédent fait à bord du brick *le Colibri*, avait déjà établi des relations amicales avec cette peuplade émigrée de la grande île de Madagascar ; sa nouvelle mission n'était donc qu'une conséquence de la première.

diatement le nom d'Hellville, qui, n'ayant point trouvé de contradicteurs, a été adopté aussitôt que prononcé.

Aiguades. Il y a plusieurs aiguades où les bâtiments peuvent faire le plein de leurs caisses avec assez de facilité. Ce sont des filets d'une eau fraîche et limpide qui descend des ravins de la forêt en serpentant entre des roches.

Deux de ces aiguades sont situées près du mouillage, à l'O. de la forêt, dans de petites anses de sable où abordent facilement les embarcations; la troisième, qui est la plus abondante, est située près du mouillage de la côte Sud, entre la pointe Tafondrou et la pointe Lucoubé; mais elle a l'inconvénient que, à marée basse, l'embarcation se trouve un peu éloignée de la source

Climat. N'ayant séjourné à *Nossi-Bé* que du 21 avril au 13 août, c'est-à-dire moins de 4 mois, ce serait de ma part une présomption étrange que de vouloir donner mon opinion sur le climat de cette île pendant l'année entière; je ne parlerai donc que de ce que j'ai vu et observé moi-même, laissant à d'autres le soin de continuer les mêmes observations jusqu'à ce qu'elles soient complètes. Ce que je puis affirmer, c'est que le temps a été constamment beau pendant mon séjour dans ces parages, le ciel toujours pur, les brises très-modérées, et la mer parfaitement belle. Si quelquefois le ciel s'est obscurci, ce n'a été que pendant la nuit, et c'est alors aussi que les pluies tombaient, ce qui arrivait assez souvent dans le commencement du mois de mai; mais, dès que le soleil s'élevait sur l'horizon, les nuages se dissipaient, et le temps redevenait très-beau. Je ne me souviens pas d'avoir eu une seule fois 2 heures de pluie pendant le jour. Les orages sont aussi fort rares dans la saison dont je parle, et, si quelques éclairs paraissaient le soir dans le ciel, ils étaient rarement suivis de coups de tonnerre[1].

Température. A la fin d'avril, le thermomètre centigrade marquait, à l'ombre, à midi, 30° 1; à 3 heures, 30° 8; à l'entrée de la nuit, 28° 5; le matin, 26° 0. Dans les mois suivants, la température a un peu baissé, surtout la nuit. On peut adopter,

---

[1] Dans un second séjour sur cette côte, du 1er janvier au 25 mars 1841, époque de l'hivernage, les pluies étaient fréquentes, par grains, la chaleur à 30 et 32° centigrades, mais nous n'y avons pas éprouvé de coup de vent. Une fois ou deux seulement nous avons eu une brise assez fraîche de l'O. et du N. O.

sans erreur sensible, pour moyenne de chacun des 4 mois que j'ai passés dans ce pays, le résultat suivant :

MOIS.	MATIN.	MIDI.	SOIR.
Mai......................	26° 5	29° 5	28° 0
Juin	25 0	28 3	27 6
Juillet...................	24 8	27 1	26 5
Août.....................	24 5	27 0	26 2

Quant au baromètre, il a très-peu varié, s'étant constamment maintenu dans les limites de 0ᵐ 757 à 0ᵐ 763.

Les vents ont été en général si modérés sur la rade de *Nossi-Bé* et dans les environs où j'ai eu si souvent occasion de mouiller, que je me suis toujours servi d'une ancre à jet de 500 kilogrammes pour ancre de bossoir, et qu'il ne m'est jamais arrivé de chasser, quoiqu'on ne filât que fort peu de chaîne. Voici la marche que suivait ordinairement la brise en rade de Passandava (devant l'ancien village de la Reine).

Le matin, petite fraîcheur de l'E. S. E. au S. S. E., qui tombait vers les 8 ou 9 heures pour reprendre vers le S. un peu plus tard, en inclinant vers le S. O.; à cette faible brise, ou au calme, succédait, vers une heure de l'après-midi, le vent du large, qui, plus ou moins frais, mais jamais fort, soufflait de l'O. jusqu'à l'entrée de la nuit : il tombait alors en passant au N. O. et au N., où il faiblissait tout à fait. A une heure un peu plus ou un peu moins avancée de la nuit, se levait une petite brise de terre, variable d'abord dans sa direction, et quelquefois assez fraîche à l'époque des syzygies ; elle durait jusqu'au jour.

Pour terminer ce chapitre du vent par un fait qui en dira plus que toutes les descriptions, je dirai qu'étant sous voiles (et j'y étais presque tous les jours), je ne me suis jamais trouvé dans le cas d'être obligé de prendre un ris dans les huniers de *la Prévoyante*, ni même dans les voiles de nos faibles embarcations. En revanche, nous avons eu plusieurs journées où la brise a manqué totalement en rade de Passandava.

Je dois cependant ajouter que, sur la côte Ouest, de même que sur celle du Nord de l'île, les brises du large sont plus fraîches qu'en rade, et y commencent plus tôt. Sur la côte Est, au contraire, la brise du large est tardive, et prend forcément, à cause de la configuration des terres, la direction du N. O. et même du Nord. Aussi, quand on veut aller de la rade de Passandava sur la côte Est, le vent d'O., qui vous pousse de l'arrière jusque par le travers de Tafondrou, vous manque tout à coup, et vient du Nord. On est alors obligé de louvoyer, ou, ce qui vaut mieux, de mouiller et d'attendre la brise de S. E. ou de S., qui ne manque jamais de venir pendant la nuit ou avec le jour.

Marées.   Deux mois d'observations journalières de quart d'heure en quart d'heure, à une échelle bien divisée et solidement établie, m'ont fait connaître que les marées sont fort régulières à *Nossi-Bé*. Le flot et le jusant y ont une égale durée, et le temps de l'étale est en raison inverse de la montée de l'eau, c'est-à-dire qu'aux syzygies la mer à peine haute commence à descendre, tandis qu'aux quadratures elle reste stationnaire pendant environ 30 ou 40 minutes.

J'ai trouvé que l'heure de l'établissement était 4^h 36^m les jours de nouvelle et de pleine lune, et que la mer devait marner de 4^m 49 aux équinoxes. Dans les marées ordinaires de quartier, elle ne monte que de 1^m 40.

Comme en Europe, ce n'est que 24 ou 36 heures après les syzygies qu'arrivent les grandes marées.

Courants.   Les courants varient en direction et en vitesse, selon la configuration des côtes par rapport aux lieux où l'on se trouve ; mais, en général, le flot porte à l'E. et le jusant à l'O., avec une vitesse moyenne de 0^n 5 à 1^n 5, et rarement au delà, si ce n'est cependant dans le chenal entre Nossi-Cumba et la grande terre, où il va jusqu'à 2 nœuds et 2^n 5 dans les grandes marées. Cela tient à ce que, dans cet endroit, les terres sont rapprochées, et qu'une grande masse d'eau doit trouver passage sur ce point. Il en est de même, mais à un degré moins fort, dans le chenal entre Nossi-Cumba et la côte Sud de *Nossi-Bé*, et surtout entre l'îlot Nossi-Vaurou et la pointe de sable Tafondrou, où se trouve la passe ; mais ici la vitesse du courant ne va jamais au delà de 1^n 5 à 1^n 8 dans une direction constante, qui est l'E. de flot, et l'O. de jusant.

Sur la rade de Passandava ou grande rade, les courants sont presque insensibles, étant en dehors de la ligne que suivent ceux de la passe. Leur direction se rapproche du S. E. et du N. O. en tournant, suivant l'heure de la marée.

Sur la côte Est, vis-à-vis les baies d'Ambatou-Zavavi et Fassine, le flot porte au N. E. et le jusant au S. O., mais d'une manière irrégulière. A la côte Nord, entre la pointe Antanzi et l'îlot Fanihi, les courants reprennent leur direction ordinaire, E. de flot, O. de jusant, avec une vitesse aussi grande qu'à la partie Sud.

Sur la côte Ouest ils sont modérés et longent à peu près la terre en se rapprochant des pointes qu'ils doivent contourner.

On peut dire, généralement parlant, qu'il y a partout mouillage sur la côte N. O. de Madagascar, depuis le cap Saint-Sébastien jusqu'à la pointe Ambavatou-Bé (baie Dalrymple d'Owen), parce que, dans cet espace de 20 lieues en latitude, la sonde donne de 15 à 30 brasses sur un fond de sable, sable vaseux ou vase ; que les brises y sont modérées et la mer toujours belle. Cependant, je dois dire que, plus on approche de *Nossi-Bé*, plus les chances d'un mouillage tranquille sont grandes, car, à mesure qu'on s'élève dans le N., les brises de terre qui viennent de l'E. S. E., et qui ne sont autres que les vents généraux, augmentent d'intensité. Ainsi elles sont plus fraîches à *Nossi-Mitsiou* qu'à *Nossi-Bé*, plus fraîches au cap Saint-Sébastien qu'à *Nossi-Mitsiou*, et enfin plus fraîches encore au cap d'Ambre qu'au cap Saint-Sébastien ; cela s'explique facilement : *Nossi-Bé*, étant, au contraire, plus avancé dans le canal de Mozambique, reçoit journellement la brise d'O., qui est rare au cap d'Ambre, et cette brise, faisant équilibre à celle d'E. S. E., qui ne domine que la nuit, il s'ensuit qu'elles sont l'une et l'autre modérées.

Route à suivre pour aller au mouillage en passant par le Nord et par l'Ouest de l'île.

Quand, après avoir doublé le cap Saint-Sébastien, soit en chenalant entre les îles qui l'avoisinent, soit en passant au large de Woody, on voudra aller directement à *Nossi-Bé* sans toucher à *Nossi-Mitsiou*, il faudra gouverner au S. 39° O., ce qui fera passer à 2 ou 3 lieues dans l'O. de cette dernière île ; on viendra ensuite de 5° sur bâbord pour reconnaître Nossi-Fanihi, îlot situé à 1 mille 1/2 de distance de la partie Nord de *Nossi-Bé*. Je crois qu'il est préférable de passer à 1 ou 2 milles de cet îlot, du côté du large, qu'à une distance de 4 ou 5 milles, pour éviter un haut-fond encore peu connu, mais sur lequel la corvette *la Blonde* a trouvé plusieurs sondes de 5 et 6 brasses. Comme il peut y avoir encore moins d'eau sur d'autres parties de ce banc non sondées, il sera prudent de ne naviguer dans ces parages que la sonde à la main et avec de bonnes vigies sur les vergues.

Si on est au soir ou dans la nuit, on se tiendra à quelques milles dans le N. O. de Sakatïa, afin de profiter, le lendemain, de la brise du large pour contourner l'île par l'O., et venir prendre un des mouillages indiqués sur le plan.

Il y a un passage, même assez large, entre Nossi-Fanihi et la pointe Nord de l'île, mais presque dans le milieu se trouve un petit banc de corail sur une des têtes duquel il ne reste que 2 pieds d'eau de basse mer, et qui, ayant échappé aux recherches du capitaine Owen, n'est pas porté sur son plan. Ce danger, facile à éviter pour les personnes qui ont des marques, doit être redouté par les capitaines qui ignorent sa position exacte ; aussi on ne devra pas sans nécessité s'engager dans ce passage, surtout s'il faut y louvoyer. Voici, au reste, les relèvements au compas qu'on aurait, étant sur ce banc :

Le milieu de Nossi-Fanihi......................	O. 15° N.
La pointe Antanzi..........................	S. 22° O.
Le rocher N. E. de Nossi-Bé.................	S. 65° E.
La haute montagne de la grande terre de Bava-toubé (montagne ronde).................	S. 38° O.

Si, avec des vents qui ne permettraient pas de doubler Nossi-Fanihi au moins à 1 mille de distance, on était obligé de s'approcher de la côte N. E. de Nossi-Bé en louvoyant, on veillerait bien un rocher isolé, mais toujours hors de l'eau, qui se trouve vis-à-vis la pointe Anpahoufaho, à 1 mille ½ de distance. Ce rocher n'est dangereux que la nuit, car il est accore, et peut se voir le jour d'assez loin, étant élevé de 10 à 20 pieds au-dessus de l'eau ; mais, dans l'obscurité, rien ne l'indique, et on a vu des navires aller se briser dessus. Dans le N. (du monde) de ce rocher, à 1 mille de distance, se trouve un récif qui vient presque à fleur d'eau de basse mer, et qui alors brise ; mais à demi-marée il cesse de marquer, et alors on doit bien le veiller, car il est plus dangereux que le rocher dont je viens de parler, d'abord en ce qu'il n'est pas apparent, et ensuite parce qu'il a une étendue d'une encablure au moins. Entre le récif et le rocher, il y a passage en rangeant celui-ci d'assez près et gouvernant à l'O. N. O.

Après avoir doublé l'île Fanihi, on découvre sur la gauche une grande baie qu'on appelle Foutaka, et qui, d'après le plan d'Owen, n'offre aucun danger. Je déclare qu'il n'en est pas ainsi, ayant failli toucher, avec *la Prévoyante*, sur un banc de corail qui se trouve à l'entrée, vis-à-vis la pointe Antanzi, et

précisément dans la direction qu'on suivrait, venant du N. E.,
pour aller au mouillage. Ce banc, que j'ai exploré ensuite avec
une embarcation, a 500 mètres de longueur dans le sens N. N. E.
et S. S. O., et 200 mètres de largeur dans le sens E. S. E.
et O. N. O. Son sommet, qui se trouve précisément dans l'alignement de Nossi-Coua , dégagé à droite de la pointe Misaoubsi, n'est recouvert que par 10 pieds d'eau à basse mer.
Aux accores du banc, la sonde donne 12 brasses, fond de vase.
Ainsi, voilà encore un danger à éviter, si l'on était tenté d'aller
jeter l'ancre dans la belle baie de Foutaka. Je reviendrai plus
tard sur ce mouillage plus séduisant que sûr.

En continuant sa route à l'O., on doit faire attention qu'au
large de la pointe Misaoubsi , dans la direction N. O., il y a un
récif sur la partie la plus élevée duquel je n'ai trouvé que
16 pieds d'eau de basse mer, et au large duquel il faudra passer,
la mer étant toujours houleuse sur cette pointe. Ce récif est
indiqué, sinon par des brisants , du moins par un clapotis et
un changement de couleur de l'eau. Pour l'éviter, il suffira de
passer à 1 mille $^1/_2$ de la pointe Misaoubsi, et de ne venir sur
bâbord que lorsqu'on relèvera la pointe Ouest de Sakatïa (île
Bluff d'Owen) au S. 18° O. Cette pointe de Sakatïa est saine ; on
peut la ranger à un demi-mille , mais on ne se pressera pas de
venir sur bâbord , à cause d'un banc de corail qui se trouve
entre cette île et Nossi-Tangam, et qui n'est pas porté non plus
sur le plan d'Owen, où cette partie paraît n'avoir été que très-
légèrement ou pas du tout sondée. La grosse pointe qui est entre
Nossi-Tangam et la pointe du Cratère se termine par des récifs
qui se prolongent à plus de 2 encablures de distance; il ne faut
donc pas la ranger de trop près. La plage de sable blanc ,
comprise entre ces deux points, n'offre pas un bon mouillage :
elle est plate et parsemée de coraux. Si on était obligé d'y jeter
l'ancre à cause du calme , il ne faudrait pas aller plus à terre
que 10 ou 12 brasses.

Si les vents obligeaient à louvoyer dans la partie Ouest de
Nossi-Bé , soit en entrant, soit en quittant le mouillage du
S. , il faudrait , en poussant ses bordées au large , veiller
plusieurs hauts-fonds marqués sur la carte que nous faisons
publier, et dont le plus dangereux est situé dans le S. 76° O.
de Sakatïa , à la distance de 8 milles. Nous avons trouvé
sur ce point une tête recouverte seulement par 12 pieds
d'eau à la basse mer. Entre ce plateau fort étendu et *Nossi-
Bé* il y a un bon louvoyage dans les limites déterminées par la
carte.

La pointe du Cratère, ou Anbournerou (des cornes), est accore et peut se ranger à deux encablures, mais il n'en est pas de même de la pointe Mahatinzo, qui en est éloignée de 3 milles dans l'E. S. E. Cette dernière a une partie basse formée de galets et de coraux qui se prolongent sous l'eau à près de 500 mètres de distance vers le Sud. Lorsque cette dernière pointe est doublée, on n'a plus qu'à choisir le lieu de son mouillage, soit dans l'anse d'Hellville, soit dans l'anse du plateau, soit vis-à-vis la plage de sable qui est au pied de la forêt, et qu'on appelle Passandava. Ce dernier mouillage, comme le plus spacieux, le plus facile à prendre, mérite le nom de grande rade, et c'est là que doivent d'abord aller les bâtiments qui font leur premier voyage à *Nossi-Bé*. On y trouve de 12 à 14 brasses d'eau sur un fond de vase, tenue excellente. Mais, quand la brise d'O. est un peu fraîche, on y est peu abrité, et la mer devient promptement houleuse. Sous ce rapport, l'anse d'Hellville convient mieux, et c'est le mouillage que nous conseillons de prendre aux navires devant séjourner quelque temps à *Nossi-Bé*, surtout pendant l'hivernage. Le seul inconvénient que nous y trouvons est d'être un peu éloigné de la meilleure aiguade ; mais cet inconvénient est compensé par l'avantage d'être à proximité du village d'Hellville, où réside la reine, et d'où l'on tire les provisions journalières.

Route par l'Est et par le Sud de Nossi-Bé.

Partant de *Nossi-Mitsiou* pour aller à *Nossi-Bé*, avec l'intention de prendre la passe de l'E., si c'est le matin, on rangera à un demi-mille ou à un mille le gros rocher le plus au large des quatre qui tiennent à la partie S. O. de *Nossi-Mitsiou;* puis, sans chercher à aller directement sur le morne de la forêt Lucoubé, point le plus remarquable de l'île, on s'élèvera, au contraire, dans l'O. S. O. pour être en position de profiter de la brise du large qui ne manquera pas de venir dans l'après-midi, et avec laquelle on fera alors autant de S. qu'on voudra; tandis que, si on avait fait la route directe, on ne pourrait plus, avec cette même brise, doubler Nossi-Fali (Chympaykee d'Owen).

Si c'est le soir ou dans l'après-midi qu'on part de *Nossi-Mitsiou*, avec les vents du large, je crois que la meilleure route à faire est de sortir par la passe du N. et de contourner cette île par l'E. et le S., afin de profiter de la brise de terre qui se lève ordinairement sur les neuf heures du soir, et à la faveur de laquelle on peut arriver pour le point du jour aux environs de Nossi-Vaurou. Il n'y a rien à craindre dans ce trajet,

ayant soin de laisser les petites îles Vazouane, Nossi-Antali,
Tsitampéri , etc., sur tribord, à un mille de distance ; on ser-
rera ensuite le vent pour aller contourner la pointe Nord de
Nossi-Fali au delà du récif qui la termine, puis on tiendra tout
à fait le plus près pour pouvoir, dès que le jour paraîtra, donner dans la passe Est de *Nossi-Bé,* qui est comprise entre la
pointe de sable Tafondrou et Nossi-Vaurou , mais plus près de
cet îlot.

D'après le plan du capitaine Owen , on pourrait ranger de
près la pointe de sable; c'est une erreur grave, et qui prouve
que cet hydrographe n'a pas eu connaissance des pâtés de
coraux qui font suite à cette pointe vers le S. E. Sur un de
ces pâtés , il ne reste que 2 pieds d'eau de basse mer; il
n'a pas trouvé non plus un petit banc de corail qui est à égale
distance de la pointe Tafondrou et de l'îlot , un peu en dedans
de la ligne qui joindrait ces deux points, et sur lequel il ne
reste que 9 et 10 pieds d'eau. Le chenal n'a pas plus de
350 toises de largeur, et en se tenant au milieu par un brassiage qui varie de 6 à 8 brasses , on passe à 100 ou 80 toises
au plus de l'îlot. Dans nos fréquentes entrées et sorties avec
la Prévoyante , nous avions adopté un alignement qui est
très-bon : c'est celui de la pointe N. O. de Nossi-Cumba ,
vue exactement par un morne pointu de la grande terre de
Madagascar, qui se trouve à peu près à égale distance de la
montagne Ronde et de celle appelée les Deux-Sœurs , qui
dominent à l'O. de la grande baie de Passandava et au S. de
Bavatoubé.

. Dès qu'en suivant cette direction on a laissé derrière soi
Nossi-Vaurou , on gouverne au S. 75° O. sur Tani-Keli , petite
île boisée qui paraît au milieu de la rade , jusqu'à ce qu'on
amène Ambatou, montagne très-remarquable qui domine les
terres au S. de Nossi-Fali, par la partie droite d'un îlot boisé
qu'on a laissé dans le S. au delà de Nossi-Vaurou. Cette nouvelle direction est celle qu'il faut suivre pour éviter en toute
sécurité les roches de la pointe Lucoubé.

Dès que la pointe Lucoubé est doublée, ce qui a lieu quand
on la relève au N. 75° E., on vient sur tribord et il n'y a plus
rien à craindre jusqu'au mouillage.

. Cette dernière route, pour venir à *Nossi-Bé,* nous paraît préférable à la première qui consiste à faire le tour par le N. et par
l'O.; elle est aussi sûre et plus prompte. On peut d'ailleurs
mouiller partout si le vent manque, car la profondeur de l'eau

n'est pas très-grande, et la mer est toujours très-belle dans cette partie. Le fond sur lequel on passe, depuis Nossi-Vaurou jusqu'à la pointe Lucoubé, est de sable et de corail, et d'une inégalité qui varie de 5 à 10 brasses; mais il n'y a point de têtes plus élevées. Nous observerons cependant qu'il y a dans le S. 33° E. de l'aiguade, et à 1,000 mètres de distance, un haut-fond sur lequel il ne faudrait pas passer, attendu qu'il n'y reste que 15 pieds de basse mer. On peut laisser tomber une ancre, si besoin est, pour quelques heures; mais, si l'on a dessein de prendre mouillage dans cette partie de l'île, il faut se rapprocher de la forêt et mouiller entre l'aiguade et des roches presque toujours découvertes, qui se trouvent à l'O. de la pointe Tafondrou, et que nous avons appelées roches Noires. On n'est qu'à 1 encablure ½ de terre, par 7 à 8 brasses, sur un bon fond de sable vaseux ou vase, et à l'abri de tous les vents; on a, de plus, de l'eau douce à proximité.

Divers mouillages de Nossi-Bé. L'espace compris entre la partie méridionale de *Nossi-Bé*, la côte N. O. de Nossi-Cumba et la petite île de Tani-Keli, peut être considéré comme une vaste rade capable de contenir tous les bâtiments que peut armer la France, et, si on y comprend l'immense baie de Passandava, on peut dire, sans crainte d'être taxé d'exagération, que toutes les escadres de l'Europe pourraient se donner rendez-vous sur ce point.

Passandava et anse des Antalotes. Partout, ou presque partout, le fond est de vase ou sable vaseux, la profondeur de l'eau de 12 à 25 brasses, et la mer constamment belle. L'île Tani-Keli, le seul point saillant dans cet espace, est bordée de quelques roches et récifs qui ne s'é-tendent pas au delà de 300 mètres, de sorte qu'on peut l'ap-procher en tous sens à ½ mille, sans rien craindre; elle est éloignée de 5 milles ½ du mouillage ordinaire qui, comme je l'ai déjà dit, est situé à 3 ou 4 encablures de terre, au pied de la forêt du côté de l'O., et devant un village et une plage que les habitants appellent Passandava, et qu'il ne faut pas confondre avec la grande baie du même nom qui appar-tient à la grande terre de Madagascar. A ce mouillage, on a de 10 à 13 brasses sur un excellent fond de vase. On y est parfai-tement à l'abri avec les vents, depuis l'O. N. O. jusqu'au S. passant par le N. et l'E.; mais avec ceux de S. O. et d'O., s'ils sont frais, on a un peu de mer qui rend l'abord de la plage difficile. D'un autre côté, on a l'avantage d'être près de plusieurs aiguades qui fournissent d'excellente eau, et qui permettent d'y envoyer l'équipage laver son linge, seule distraction qu'on puisse lui procurer dans ce pays. C'est cette raison qui m'a fait toujours donner la préférence à ce mouillage. Il faut dire aussi que, n'y faisant que de courtes apparitions, je me trouvais moins gêné pour l'appareillage que dans les autres anses.

En avançant un peu dans le N., vers le village des Antalotes jusqu'à n'avoir que 5 à 6 brasses d'eau de basse mer, on serait moins exposé aux vents d'O.; ce mouillage est celui que prennent les petits bâtiments arabes qui font le cabotage.

Le mouillage d'Hellville, que nous conseillons aux petits bâti- *Anse d'Hellville*
ments, n'est pas très-spacieux, étant limité au N. par le fond de l'anse qui assèche en partie de basse mer; à l'E., par des roches qui s'étendent à plus de 2 encablures au S. de la pointe du plateau; et à l'O., par des pâtés de coraux qui viennent jusqu'au bord du chenal; on y a de 6 à 8 brasses d'eau de basse mer sur un fond de sable vaseux. Les deux directions que j'ai remarquées comme aboutissant à l'endroit le plus convenable pour laisser tomber l'ancre, sont : la pointe basse de Mahatinzo, par le bas de la Montagne ronde (côté de droite), et la presqu'île de la pointe N. E. de Nossi-Cumba, par une montagne remarquable dans le lointain et qu'on appelle *Abouiche-Zanahar* (Montagne-Dieu).

A ce mouillage on est abrité des vents du large, et la mer y est toujours belle. Le seul inconvénient que nous y avons trouvé est de n'avoir pas, dans les environs, de l'eau douce en assez grande quantité pour suffire aux besoins des bâtiments. On est obligé d'envoyer sa chaloupe, au moins une fois par semaine, au village de Passandava, pour y prendre un chargement d'eau destiné à l'entretien du plein des caisses.

Le mouillage dans l'anse à l'E. du plateau est encore plus *Anse du Plateau.*
resserré que celui de l'anse d'Hellville, et peut contenir tout au plus 2 ou 3 bâtiments, étant borné à l'O. par les récifs de la pointe du Plateau; au N., par un pâté de corail sur le bord du chenal; et au S. E., par la pointe Verte. La tenue y est bonne, et la profondeur de l'eau de 6 à 9 brasses. Ce mouillage, qui ne présente aucun avantage sur celui de l'anse d'Hellville, a l'inconvénient qu'on y est un peu moins abrité avec la brise du large, et que l'appareillage n'est pas sans quelques difficultés[1].

---

[1] Lors de la prise de possession de Nossi-Bé, l'anse du Plateau fut examinée

Au fond de cette anse se trouve un bras de mer qui conduit au pied du village d'Hellville ; mais il n'est praticable pour un canot que quand la marée est presque haute, et encore la navigation y est difficile à cause des palétuviers qui encombrent le chenal, et dans les branches desquels les avirons s'engagent. A basse mer, tout le fond de l'anse assèche, aussi bien du côté de l'E., où l'on voit un village, que du côté du N. O. où se trouve le bras de mer. Le terrain qui reste ainsi à découvert est composé de sable vaseux mêlé de pierres ou roches plates [1].

Anse Anbournerou ou du Cratère.

A l'O. de la pointe Mahatinzo, dans la direction O. N. O. on trouve un banc de roches, galets et sable vaseux qui tient à la côte, et qui se prolonge jusqu'à 1 mille 1/2 environ de la pointe Anbournerou, où il devient un véritable récif formé de pâtés de coraux qui découvrent en partie, et qui brisent dès qu'il y a peu d'eau dessus. Ce récif est accore du côté du Sud. Vers la côte, dans le N. N. E., se trouve un îlot boisé. Tout le plateau, sur le milieu duquel il y a une espèce d'herbier, assèche dans les grandes marées.

Entre l'extrémité Ouest du récif et la pointe Anbournerou se trouve un chenal, de 1/2 lieue de large, qui permet aux bâtiments qui veulent prendre mouillage dans cette partie de l'île d'aller jeter l'ancre par 12 ou 14 brasses d'eau, fond de vase, sous la pointe Anbournerou même, à 1 ou 2 encablures de terre ; là, on est à l'abri des vents d'O., et on a une belle mer ; mais la grande distance où l'on est d'Hellville et de Passandava, seuls points de l'île où il y ait un peu de mouvement, rend ce mouillage fort monotone ; d'ailleurs l'eau douce y manque aussi.

Sakatïa.

Les environs de l'île Sakatïa, qu'Owen appelle Bluff, ne paraissent pas avoir été explorés par ce célèbre capitaine,

---

de nouveau, et reconnue comme la seule de cette partie de l'île où il fût possible de protéger efficacement, contre un ennemi supérieur en forces, deux ou trois bâtiments de guerre qui s'y réfugieraient. C'est par suite de cette décision que M. le capitaine d'artillerie Gouhot, nommé au commandement de l'établissement, fit le tracé de deux batteries destinées à croiser leurs feux en dehors de la ligne d'embossage. Je ne sache pas que la construction de ces batteries ait été continuée. Elles me parurent indispensables au moment de l'occupation, elles peuvent l'être encore comme retranchement contre les indigènes s'ils devenaient hostiles ; mais, comme système de défense de l'île entière, elles me paraissent sans utilité, puisque l'île est abordable de tous côtés.

[1] Les officiers de *la Dordogne*, sous le commandement de M. Guillain, ont levé le plan détaillé et à grand point de cette anse.

car, à l'aspect de son plan dépourvu de sondes dans cette partie, on serait tenté de croire qu'il y a danger à approcher de cette île. Il n'en est pas ainsi, et je dirai même qu'il y a un fort joli mouillage tout près de terre dans le S. E., par 9 à 12 brasses, fond de vase argileuse. On y est à l'abri de tous les vents, excepté ceux de S. et S. O. qui soufflent rarement, il est vrai.

Sakatïa n'est pas habité, mais des propriétaires sakalaves résidant sur *Nossi-Bé* y vont fréquemment pour y faire des plantations de patates, manioc, etc.

Le morne le plus élevé, qui se trouve à la partie S. O. de l'île, est couvert de beaux arbres; les autres mornes paraissent formés de terres blanchâtres et rougeâtres peu favorables à la végétation. Il y a cependant en certains endroits de fort jolis vallons bien verts, sur le bord de la mer, et dans les ravins, où viennent se perdre quelques petits ruisseaux d'eau douce.

Dans le S. 10° O. de la pointe boisée de Sakatïa, à 1 mille $^1/_3$ de distance, se trouve un banc de corail, dont j'ai déjà parlé, et dont n'a pas eu connaissance le capitaine Owen. Ce banc, qui a 1,000 mètres dans la direction N. E. et S. O., et 400 mètres de largeur, doit être évité par les navires qui iraient au mouillage que j'ai indiqué, car il y a des têtes sur lesquelles il ne reste que 13 pieds d'eau, tandis qu'à l'accore Ouest du banc on trouve 15 brasses. Le chenal, entre ce banc et Sakatïa, étant de plus de 1 mille, on pourra en toute sécurité ranger cette île à 4 ou 5 encablures ou $^1/_2$ mille.

Il y a passage entre Sakatïa et *Nossi-Bé* pour un bâtiment comme *la Prévoyante*, même de basse mer; mais, comme le chenal n'est pas direct, on ne pourrait le tenter qu'avec un vent arrière, c'est-à-dire venant du S. ou du N., qui permettrait de suivre des directions presque opposées. La nécessité ne s'en présente jamais.

En continuant à contourner *Nossi-Bé*, en s'élevant de l'O. vers le N., le premier mouillage qu'on rencontre, et le seul de cette partie, est celui de la baie du N. O., connue des gens du pays sous le nom de Bé-Foutaka, et dont j'ai déjà eu occasion de parler. Cette baie, fort belle au premier coup d'œil, ne répond pas à ce qu'elle promet quand on l'examine attentivement. D'abord l'entrée du côté du N., comme je l'ai observé ailleurs, se trouve en partie barrée par un banc de roches,

Grande baie du N. O. ou Bé-Foutaka.

que ne laissent pas soupçonner les sondes égales et profondes du capitaine Owen ; ensuite les pointes les plus saillantes sont entourées de récifs qui brisent à la basse mer. Ajoutons à cela que la brise du large, qui est ordinairement assez fraîche dans cette partie de l'île, et qui vient de l'O. N. O. y cause une houle qui rend ce mouillage peu agréable. Pour être un peu à l'abri, il faudrait aller tout à fait dans le fond de l'anse vis-à-vis la pointe Ouest du village ; mais, comme un bâtiment ne mouillera jamais dans la baie de Foutaka que par circonstance, ou pour y passer une nuit, il aimera mieux jeter son ancre au milieu de la baie, afin d'être en appareillage pour le lendemain.

Côte Est de Nossi-Bé.

La côte Est de *Nossi-Bé* présente trois baies dans lesquelles un bâtiment peut mouiller. La plus spacieuse, qui est en même temps la moins bonne, est celle d'Ambatou-Zavavi, dont le fond est de sable mêlé de coraux, et qui assèche au tiers de sa profondeur ; elle n'est cependant pas aussi mauvaise que semble l'indiquer le plan d'Owen par l'absence des sondes.

Si l'on veut mouiller devant cette baie, il ne faut guère aller au dedans de la ligne qui joindrait les deux pointes extérieures ; là on aura 6 et 7 brasses d'eau sur un fond de vase molle. Du reste la brise du large ne se fait presque jamais sentir dans cette baie ; mais, dès qu'il vente un peu de l'E. ou du S. E., la mer devient de suite houleuse.

Baie Fassine ou Linta.

Il en est de même de la baie Fassine ou Linta, qui se trouve plus au N.; il y a de la mer et une forte houle quand la brise de terre a soufflé un peu frais pendant la nuit ; le jour il y fait calme, si ce n'est l'après-midi assez tard, qu'on sent un peu la brise du large qui passe par-dessus les mornes, et qui n'arrive jamais dans une direction bien franche. Le plus souvent elle vient du N. en longeant la côte. Le mouillage est au milieu de la baie par 6 à 7 brasses de basse mer, fond de sable ou sable vaseux. Il ne faut pas s'approcher davantage du Rocher Noir, qui paraît à l'O., car le fond décroît rapidement, et la plage découvre beaucoup à basse mer. Un des inconvénients de ce mouillage, en outre de la houle dont j'ai déjà parlé, est de ne pouvoir communiquer facilement avec le village de Linta que lorsque la mer est haute. Ajoutons encore qu'on s'y procure très-difficilement de l'eau douce. Du reste, c'est un des points de l'île où l'on trouve le plus abondamment, et à meilleur compte, des provisions pour la table, surtout en volailles. Ce village, ainsi que ceux des environs, est habité par des Betsimitsarahs, émigrés de la côte Est de Madagascar, et qui sont plus industrieux que les Sakalaves.

Au N. de la baie de Linta (ce nom est celui du chef des Betsimitsarahs dont je viens de parler), toute la côte, jusqu'à l'entrée de l'autre baie, est bordée par un récif qui s'étend à près de 1 mille au large, et qui découvre presque en entier dans les grandes marées; c'est la partie la moins accore de toute la côte Est de *Nossi-Bé*.

La baie Tandraka est divisée en deux parties par une île boisée qu'on nomme *Tandraka*, dont la direction, dans le sens de la longueur, est N. E. et S. O.; sa pointe de ce dernier côté est très-rapprochée des terres de *Nossi-Bé*, et l'on peut communiquer de l'une à l'autre, à pied sec à la marée basse.

La petite anse au S. de l'île assèche en grande partie : il ne reste pour le mouillage qu'un espace très-resserré entre des récifs, et qui ne peut convenir qu'à de petits bâtiments. Au fond de cette même anse, sur la gauche, se trouve un village de Malgaches réfugiés, où l'on élève beaucoup de volailles pour vendre; c'est le seul endroit de l'île où nous ayons pu nous en procurer à six pour une piastre.

La partie de cette baie au N. de Tandraka offre un joli mouillage par 7 à 9 brasses d'eau, à peu près au tiers de la distance de Tandraka à la pointe de *Nossi-Bé*, qui termine la baie du côté du N., et un peu en dehors de la ligne qui joindrait ces deux points. Un village de Sakalaves, situé dans le N. O., est d'un abord difficile de basse mer, et n'offre, d'ailleurs, aucune ressource pour les provisions. Sur la côte Nord de cette baie, on remarque une petite île plate formée de rochers et de coquillages brisés, dont il ne faut pas trop s'approcher, parce qu'il y a peu d'eau dans les environs.

Partant de cette baie et continuant à contourner *Nossi-Bé* par le N., on ne retrouve plus ni baies ni anses qui offrent quelque abri jusqu'à la grande baie de Foutaka; il y a cependant quelques plages de sable, devant lesquelles nous avons jeté l'ancre pour 12 ou 24 heures; mais on y est en pleine côte, et le débarquement est difficile à cause de la houle et des récifs qui bordent la plage.

Il y a passage entre la pointe Anpahoufaho et le rocher découvert qui en est à 2,700 mètres dans l'E. 10° S., en se tenant à peu près à égale distance de l'un et de l'autre; ce passage, dans lequel on trouve de 9 à 13 brasses d'eau, a au moins

$^1/_2$ mille de largeur. Je le préfère même à celui du large du rocher, à cause des bancs de coraux qui sont au N. de celui-ci.

Ressources qu'offre Nossi-Bé aux navires en relâche.

Pour le moment, *Nossi-Bé* ne peut offrir aux bâtiments qui auraient envie d'y relacher qu'un abri sûr et une mer assez belle pour y réparer des avaries dans les œuvres mortes, dans la mâture ou le gréement. On pourrait encore y donner une demi-bande pour visiter les hauts de la carène ; mais il ne faudrait compter pour cette opération que sur ses propres moyens.

Il n'y a point de port, proprement dit, et les côtes qui bordent la seule partie de la rade abritée sont si peu accores, qu'on ne pourrait, sans des travaux longs et dispendieux, faire un quai de carénage. Un ponton d'abatage serait beaucoup plus facile à construire ; les bois ne manqueraient pas, puisque la forêt se trouve à proximité, et que l'exploitation en serait facile avec un service d'ouvriers organisés dans ce but.

Les bateaux arabes, dont le jaugeage moyen peut être de 30 à 40 tonneaux, qui font le cabotage entre Mozambique, Zanzibar, les îles Comore et la côte Ouest de Madagascar, et qui, étant à *Nossi-Bé*, ont besoin de visiter leur carène, s'échouent ordinairement sur le sable du fond de la baie des Antalotes, où ils se tiennent droit au moyen de béquilles et d'épontilles. Ils choisissent, pour cette opération, le moment de la pleine mer d'une nouvelle ou pleine lune, et comme la mer marne de 11 à 12 pieds, ils profitent de l'instant où leur bateau vient à sec pour travailler, et ils peuvent le faire presque sans interruption dans les mortes marées, l'eau atteignant à peine la quille de leur navire.

Du reste, il ne faut compter sur les secours d'aucun ouvrier charpentier ou calfat parmi les Sakalaves ; il n'y en a pas. La science des plus habiles se borne au maniement de leurs petites haches pour la construction de leurs pirogues ou de leurs cases ; mais ils ne savent se servir ni de la scie, ni du rabot, ni de l'herminette, et encore moins des outils du calfat, qui leur sont totalement inconnus [1].

D'un autre côté, c'est en vain qu'on chercherait dans toute l'île une pièce de filin, une poulie ou tout autre objet formant

---

[1] On ne doit pas perdre de vue que ceci a été écrit avant la prise de possession de Nossi-Bé.

le matériel d'un bâtiment ; tout cela est inconnu à un peuple qui paraît n'avoir eu jusqu'ici que très-peu de relations avec les Européens.

Quant aux bois de mâture, la forêt peut, je crois, fournir aisément toutes les pièces nécessaires à un bâtiment de 200 à 300 tonneaux ; mais je n'ose affirmer qu'on y trouverait de quoi faire des bas-mâts pour *la Prévoyante*. D'ailleurs l'abatage et l'extraction de pièces aussi lourdes demanderaient un concours de force qu'on ne trouverait pas dans les circonstances ordinaires. Voici les espèces de bois propres aux constructions, qu'on a reconnues exister dans la forêt Lucoubé :

Le tacamaka,	Le rame,
L'azine,	Le bois de table,
Le nate,	L'ébène,
Le faux gaïac,	Le valeton, etc.

Les voiles des pirogues sont en rabannes, comme dans tout Madagascar, mais cette ressource même manquerait à un navire qui en aurait besoin pour réparer des pertes dans sa voilure, parce que ce peuple paresseux et peu industrieux ne confectionne qu'au fur et à mesure de ses besoins, et qu'il est, d'ailleurs, peu pourvu de l'arbre (le rafia) dont l'écorce sert à cette fabrication. Les pagnes fines, comme on en fait à Sainte-Marie, et dont nos dames ne dédaignent pas de se servir pour chapeaux, sont inconnues des Sakalaves ; il en est de même des paniers, corbeilles et autres petits ouvrages en paille. Leur industrie se borne à faire, comme je l'ai dit, des voiles pour leurs pirogues, et des pagnes fortes pour vêtements.

En fait d'objets d'exportation, je ne ne vois que le riz dont l'île soit bien pourvue, et qui le sera encore davantage du moment où les habitants trouveront un débouché pour l'excédant de leur consommation. Jusqu'ici cette culture avait été négligée par un peuple fugitif, qui ne se voyait campé sur cette île qu'en passant ; mais, du moment qu'il s'y verra établi en sécurité, qu'il aura l'assurance de pouvoir récolter ce qu'il aura planté, alors le riz, le maïs, le manioc, les patates, etc., y seront en abondance, car la terre est fertile, et peut produire le double et le triple de ce qu'on lui a demandé jusqu'à ce moment.

L'écaille de tortue serait aussi un des objets qu'on pourrait exporter, et, du moment que cette vente serait certaine, à un prix raisonnable, arrêté d'avance, les pêcheurs qui se livrent à ce commerce redoubleraient d'ardeur et étendraient au loin leurs courses, certains qu'ils seraient de trouver à leur retour un marchand pour acheter leur écaille.

On ne trouve pour le moment sur *Nossi-Bé*, ni bœufs, ni moutons, ni cabris, ni porcs, si ce n'est ceux de ces animaux qu'y a laissés M. Passot, et qui prospéreraient promptement, si on continuait à s'en occuper avec le même intérêt que cet officier prenait à l'ile et au bien-être de ses habitants [1]. Les poules commencent à y être abondantes, et vont le devenir encore davantage, parce que, trouvant à les vendre, les Sakalaves auront intérêt à en élever ; maintenant, et par cette raison même qu'on fait couver, les œufs sont rares et chers ; mais dans un an l'abondance forcera à les livrer à un prix modéré. On trouve aussi quelques canards et quelques pintades, mais l'espèce est encore peu répandue.

Le poisson est abondant sur les côtes et de bonne qualité ; mais les plages convenables pour jeter la seine sont fort rares, ce qui fait qu'on n'en a pas autant qu'on le désirerait. On y supplée, autant que possible, par la pêche à la ligne, faite le long du bord ; mais ce moyen ne profite qu'à quelques-uns des marins et aux officiers : il est insuffisant pour la masse de l'équipage.

Quant aux légumes, si j'excepte la patate douce, il n'y en a pas, ou presque pas. Le giraumont qu'on vous apporte comme par faveur, et le chou-palmiste, qu'il faut aller chercher dans les bois, sont les seuls légumes verts qu'on puisse se procurer, à moins que, pour enfler la liste, on ne compte la brède-pariétaire et le pourpier, qu'on rencontre en quelques endroits. Je ne parle pas du manioc, dont les blancs font peu usage.

Les fruits sont encore plus rares que tout le reste ; on n'en connaît même qu'une seule espèce, la banane, et encore les Sakalaves ont-ils la mauvaise habitude de couper les régimes si verts, qu'ils se flétrissent plutôt qu'ils ne mûrissent.

En fait de légumes secs, on peut se procurer quelques haricots rouges de bonne qualité et qui cuisent bien. On trouve aussi une espèce de pois ou lentilles qui n'est pas à dédaigner ;

---

[1] Les choses ont dû bien changer sous ce rapport, depuis que ceci a été écrit, car je sais qu'un des premiers soins de M. le commandant Gouhot a été de faire venir d'Ambongou (côte Ouest de Madagascar) et d'entretenir sur Nossi-Bé plusieurs centaines de bœufs qui ont dû prospérer promptement.

mais de tout cela en si petite quantité, que l'on ne peut pas compter ces denrées comme ressource pour un équipage un peu nombreux. Si on s'adonnait à cette culture plus en grand, nul doute qu'elle ne réussît parfaitement, témoins les légumes verts que M. Passot a fait venir dans son jardin d'Hellville, avec des graines apportées de Bourbon. Au bout de deux mois, nous avons mangé des choux, des raves, des carottes, des navets, de la laitue, etc. Il suffirait de la présence de quelques familles créoles sur cette île pour la faire changer totalement d'aspect en peu d'années ; la nature du sol, le caractère paisible des habitants, et la beauté du climat sont autant de causes qui doivent encourager une émigration de ce côté.

Il me reste à dire quelques mots de l'état sanitaire de *Nossi-Bé*. Je ne puis parler que de la saison pendant laquelle j'y ai séjourné, et, sans chercher à entrer dans des considérations hors de ma compétence sur des causes de maladies qui règnent, un peu plus ou un peu moins, sur toutes les côtes de Madagascar, je dirai franchement les faits. État sanitaire.

Depuis la fin d'avril jusqu'à la mi-juin, un homme fut atteint d'une fièvre maligne, et il succomba le quatrième jour : c'était mon pilote, homme robuste, acclimaté depuis longtemps aux colonies, et ayant fait plusieurs voyages à Madagascar. Sur la fin de juin et en juillet, M. Passot, M. Pervillé, naturaliste, le sieur Belliard, chef de l'atelier, mon maître charpentier, un aide charpentier, deux timoniers, qui s'étaient succédé pour observer les marées, six noirs de l'atelier colonial tombèrent successivement malades. Toutes ces personnes habitaient à terre. Plusieurs marins du bord eurent aussi quelques accès de fièvre accidentelle ; mais elle ne leur revint pas dès qu'ils eurent fait usage de la quinine. Il convient de dire que, à bord de *la Prévoyante*, on faisait constamment un service très-actif, étant sans cesse en appareillages et en mouillages, et qu'on sondait presque toute la journée, soit sous voiles avec le bâtiment, soit dans les embarcations allant à la rame. Ainsi, ces hommes qui travaillaient continuellement sous le soleil se sont bien portés, tandis que ceux qui travaillaient à terre, souvent à l'ombre, ont eu tous la fièvre. M. Larcher, commis aux revues, qui avait habité quinze jours à Passandava, pour soigner M. Pervillé, pendant que je faisais une tournée aux environs de Nossi-Bé, croyait avoir échappé au sort commun, lorsque, dix jours après avoir quitté *Nossi-Bé*, la fièvre le prit en mer.

M. l'abbé Dalmont, déjà acclimaté à Madagascar, a eu aussi

quelques petits accès ; mais peut-être était-ce une réminiscence de ses fièvres de Sainte-Marie.

Voilà ce qui s'est passé sous mes yeux, et ce que je puis donner comme faits certains, sans chercher à décrier *Nossi-Bé*, ni à vouloir le faire plus sain qu'il n'est réellement. Du reste, on croit généralement que la position d'Hellville est plus favorable à la santé que Passandava adossé à la forêt, où sont tombées malades toutes les personnes du bord qui y ont habité.

Ce que je puis affirmer encore, c'est que, pendant les quatre mois que nous avons passés sur cette île ou aux environs, le temps a toujours été magnifique, les pluies très-rares et l'air d'une pureté admirable. Il n'y a pas non plus de marais ni d'eaux croupissantes sur l'île... Quelle est donc la cause de ces fièvres?... Dieu seul le sait!... Les habitants prétendent qu'elles ne règnent qu'au moment de la floraison des arbres de la forêt, et qu'ils n'ont de malades qu'à cette époque. On ne saura au juste à quoi s'en tenir, au sujet de l'état sanitaire de Nossi-Bé, que lorsqu'on y aura séjourné dans toutes les saisons de l'année et passé un hivernage entier [1].

Nossi-Cumba.   Quoique Nossi-Cumba soit séparé de Nossi-Bé par un canal de 2,600 mètres de largeur (une demi-lieue) et soit une île à part, elle se trouve tellement liée à la position de cette dernière, qu'il est impossible de parler de l'une sans dire en même temps quelques mots de l'autre.

Sa distance à Ankifi (pointe de la grande île de Madagascar qui fait face) n'est que de 1 mille $^3/_4$. Ce canal est praticable pour toute espèce de bâtiments, et il y a mouillage, quoique le fond soit inégal et parsemé de coraux ; néanmoins, on y trouve des endroits de sable vaseux et de vase où la tenue est bonne.

---

[1] Nous avons séjourné à *Nossi-Bé*, avec *la Prévoyante*, pendant trois mois de l'hivernage de 1840 à 1841, sans avoir de malades. *La Lionne*, qui y était avant nous, n'avait perdu qu'un seul homme en six mois ; mais *la Dordogne*, qui nous remplaça, fut fort maltraitée, tant dans son équipage que dans la garnison qu'elle avait mise à terre. Pour être exact, il convient de dire que ce bâtiment comptait déjà à son bord beaucoup de dyssentériques, le jour même de son arrivée à *Nossi-Bé*, et que c'est de cette affection que sont morts les trois quarts des marins et soldats dont on a eu à déplorer la perte dans les trois premiers mois de l'occupation.

Les rapports des capitaines et des chirurgiens des bâtiments qui ont séjourné depuis dans cette colonie, et ceux du commandant de l'île, ne signalent point une mortalité extraordinaire ; tous, au contraire, s'accordent à regarder cette localité comme étant dans des conditions de salubrité infiniment plus satisfaisantes que celles de notre établissement de Sainte-Marie.

On peut mouiller également dans toute la partie S. E. et E. de Nossi-Cumba, à 1 mille ou 1 mille $^1/_2$ de la côte. On est alors en dehors des coraux et sur des fonds de sable vaseux recouverts de petites huîtres, ou sur de la vase.

Toute la côte Nord est accore, et on peut en approcher sans crainte jusqu'à 2 encablures.

Nossi-Cumba est un pâté presque entièrement rond à sa base et qui a deux sommets; l'un, dans la partie S. E., est formé par un massif de roches; l'autre, à peu près au centre de l'île, est moins saillant, quoique d'une élévation à peu de chose près égale au premier. De celui-ci partent des ravins qui sillonnent en tous sens les flancs de la montagne, et qui sont d'autant plus boisés qu'ils approchent davantage de la mer. Une eau claire et limpide descend de plusieurs de ces ravins et vient se perdre au rivage, à travers de gros blocs de roches. La végétation est magnifique aux environs de ces ravins et dans les vallons qui bordent la côte; mais les parties élevées de l'île sont généralement arides. Les cases sont rares sur toute la partie N. et O.; en revanche, elles forment plusieurs grands villages dans la partie S. et S. E., où la population est entassée.

J'ai calculé que le sommet de Nossi-Cumba était élevé de 622 mètres au-dessus du niveau de la mer. On peut l'apercevoir d'une distance de 14 à 15 lieues, et c'est un des points les plus remarquables pour faire reconnaître Nossi-Bé. Au N. E. de Nossi-Cumba se trouve la baie de Marbacoul, dont le fond est si plat, que les plus petits bâtiments ne peuvent approcher qu'à 1 ou 2 milles de la côte. Il y a plusieurs rivières dont les entrées sont obstruées par des bancs de sable vaseux; les bords sont marécageux et garnis de palétuviers. Dans la partie de cette baie qui fait face au canal d'Ankifi, on remarque un îlot qui est assez accore, et que les naturels appellent *Vatou-Ranou.*

Nossi-Mitsiou est l'île appelée Minow par les Anglais. Comme ce nom est totalement inconnu dans le pays, j'ai cru devoir lui substituer celui qu'elle porte réellement, et que les habitants prononcent exactement comme il est écrit ici; il veut dire *île du milieu.*

Nossi-Mitsiou a la forme d'un V, mais dont le côté de droite ou de l'Est a presque le double en longueur du côté gauche ou Ouest. L'ouverture qui fait face au N. a, dans son milieu, un énorme îlot en forme de pâté, presque carré par le haut, qui est le point le plus élevé de l'île. On le nomme Ancarea. A l'E. N. E. de ce pâté, et à une distance de 1,850 mètres (1 mille), se trouve un îlot beaucoup plus petit, de forme allongée, qui se termine, au N. O., par quelques rochers noirs, et, au S. E., par une chaîne de galets et récifs qui se replie circulairement vers l'intérieur de la rade.

Un morne boisé, dont la forme est celle d'un cône régulier lorsqu'il est vu du N. O. ou du S. E., et que, par cette raison, j'ai appelé Pain-de-Sucre, termine les terres du côté de l'Est. C'est, après Ancarea, le point le plus élevé de l'île. La côte N. O. a aussi, presque à son extrémité, un morne assez élevé, mais d'une forme moins remarquable que les deux autres que je viens de citer.

Ancarea et l'îlot décrit plus haut divisent l'entrée de la rade en trois parties inégales qui peuvent prendre toutes le nom de passes. La plus large, la plus profonde et en même temps la plus sûre, en ce qu'il y a louvoyage, est celle qui se trouve entre Ancarea et la côte Ouest; je l'appelle, pour cette raison, Grande-Passe; j'appelle Passe-du-Nord celle qui est entre le gros et le petit îlot, et, enfin, Passe-de-l'Est celle qui est entre le petit îlot et la pointe du Pain-de-Sucre. Cette dernière ne doit être fréquentée que lorsqu'on la connaît, parce que d'abord il y a peu d'eau (5 brasses de basse mer dans certains endroits) et que le chenal n'est pas direct. Si l'on range de trop près la côte, il y a à craindre des pâtés de coraux qui débordent au large de la première petite anse en dedans du Pain-de-Sucre, et, si on s'approche trop de l'îlot, il y a à se défier de l'extrémité du récif qui se prolonge vers la rade, plus qu'on n'est porté à le supposer et que la sonde ne peut l'indiquer, car il est accore comme un mur. Cette passe, je le répète, ne doit être tentée que lorsque les deux autres sont impossibles, et encore on fera bien de s'assurer d'avance de l'alignement qu'on devra suivre avec un vent sous vergue. Rien ne serait plus facile que d'indiquer cet alignement par deux balises placées à terre; mais il est probable qu'on n'en sentira jamais la nécessité, les deux autres passes étant toujours praticables.

Celle du N. est facile; mais il y a fort peu d'espace pour le louvoyage. Dans ce cas, il vaut mieux prendre la passe de l'O. qui a près de 3 milles de largeur, et une profondeur d'eau de 20 et quelques brasses.

Quand, venant du cap Saint-Sébastien, vent sous vergue, on veut prendre la passe Nord, il faut gouverner de manière à ran-

ger, à $^1/_2$ encablure, le rocher noir qui termine le petit
îlot du côté du N. O., puis se diriger vers le milieu de la rade,
en évitant d'approcher, à une distance moindre que 1 encablure, la pointe de sable de la partie Sud d'Ancarea. Sur ce trajet, le fond est inégal, on trouve même un petit banc de corail
sur lequel il n'y a que 7 à 8 brasses; mais, bientôt après, on
retrouve des fonds de 18 à 20 brasses pendant beaucoup plus
de temps qu'on ne le désirerait, car un des inconvénients de
cette rade, c'est le grand fond par lequel il faut mouiller. Si
l'on voulait aller par 10 ou 12 brasses d'eau, on serait trop
près de terre ou sur des coraux. J'ai mouillé plusieurs fois sur
l'extrémité même de la pointe de sable du S. d'Ancarea; mais
j'étais fort près des pâtés de coraux qui bordent cette même
pointe, ainsi que du récif qui s'étend au S. O., et, par cette
raison, l'appareillage devenait difficile, sinon dangereux.

Le véritable mouillage, le seul où l'on soit réellement à l'abri,
est tout à fait dans le fond de la rade. La brise du large, et
même celle de terre permettent presque toujours d'y aller à la
bordée, pour entrer comme pour sortir, et là on trouve une
excellente tenue sur un fond de 7 à 8 brasses; mais ce mouillage ne pourrait contenir un grand nombre de bâtiments. Je
ne l'ai point fréquenté avec *la Prévoyante*, parce que là nous
eussions été trop loin du centre de nos opérations, et que nos
courses en canots eussent été trop pénibles.

Sur le trajet qu'on suit pour aller de la passe du N. au mouillage de l'enfoncement du S. Q., il faut avoir soin d'éviter un
pâté de corail que j'ai trouvé, et qui paraît avoir échappé aux
investigations du capitaine Owen, car il n'est pas sur son plan.
Ce pâté de corail, d'une étendue de quelques toises seulement,
découvre de 1 pied dans les grandes marées, tandis que tout à
l'entour de sa base il y a 8 à 10 brasses d'eau.

En résumé, la rade de *Nossi-Mitsiou* a des passes commodes,
et offre un abri sûr à son mouillage du fond : voilà tout ce
qu'on peut en dire de plus favorable. Après cela, ses inconvénients sont ceux-ci : trop ouverte au vent depuis l'O. jusqu'au
N. E.; une trop grande profondeur pour le mouillage, des brises souvent trop fraîches, qu'on ne ressent pas à *Nossi-Bé*; et
enfin, le manque d'eau douce sur l'île, à tel point, qu'un petit
bâtiment aurait de la peine à s'en procurer pour sa consommation journalière. Ajoutons à cela que l'île est peu boisée, peu
fertile, le terrain ingrat, et qu'on n'y trouve aucune provision
à acheter.

Dans le N. 50° E. de *Nossi-Mitsiou*, à 7 milles de distance, se trouve une île ayant environ 4 milles de circonférence, appelée Nossi-Lava (île longue). Cette île, que nous avons explorée en tous sens, est accore ; mais elle n'offre aucun mouillage. A celui que nous avions pris avec *la Prévoyante*, dans la partie Sud de l'île, vis-à-vis une petite anse de sable qui sépare une presqu'île de l'île, nous avions 23 brasses d'eau, à 1 encablure ¹/₂ de terre.

Voici le résultat des principales observations faites sur le gros îlot de Nossi-Mitsiou (pointe de sable du S.) :

Latitude	12° 50′ 38″ 69 S.
Longitude...............................	46° 18′ 10″ E.
Déclinaison de l'aiguille...................	9° 44′ 7″ N. O.
Heure de l'établissement..................	4ʰ 30ᵐ
Quantité dont la marée marne.............	13ᵖⁱ 0ᵖᵒ

Bavatoubé, ou Ambavatoubé (baie Dalrymple du capitaine Owen), appartient à la grande île. Cette baie est située à 17 milles dans le S. O. de Nossi-Bé. Le mouillage y est excellent, tant sous le rapport du brassiage et de la qualité du fond, que sous celui de l'abri par tous les vents. L'entrée de la baie, quoique peu large et bordée de récifs, est toujours facile, parce que sa direction est N. et S., et que la brise d'O. ou O. N. O. règne tous les après-midi. On peut sortir tout aussi facilement avec la petite brise de l'E., qui ne manque jamais le matin.

Le courant est peu fort et suit la direction du chenal, dans lequel on trouve de 12 à 18 brasses sur un fond de sable fin ; la couleur de l'eau indique la limite des coraux.

Bavatoubé serait une relâche très-recherchée si on y trouvait de l'eau douce ; mais il n'y en a pas, ou du moins il y en a en si petite quantité, qu'un bâtiment de moyenne grandeur a peine à s'en procurer pour sa consommation journalière. Le seul filet d'eau courante que nous ayons aperçu est dans une petite anse à environ 1 mille dans le S. O. de la pointe Ansirac ; il se perd au milieu des palétuviers du rivage.

Le bois à brûler y est abondant, et, comme il n'y a point d'habitants sur cette côte, on peut couper de jeunes arbres partout où l'embarquement offre le plus de facilités : du reste, la mer est toujours belle dans cette baie.

Le poisson y est très-commun, mais les plages propres à jeter la seine manquent ; dans les quelques petites anses où le sable se montre, on trouve, sous l'eau, des coraux ou des pierres qui déchirent le filet; ailleurs, ce sont des palétuviers qui envahissent le rivage dans les trois quarts des contours de la baie.

Le meilleur mouillage pour une corvette ou une frégate nous paraît être dans la partie Ouest de la baie, par 9 brasses, fond de vase, étant dans les relèvements suivants :

Pointe Magambey..................... N. 40° E.
Pointe Ansirac...................... N. 10° E.
Pointe Ambonbouka.................. S. 13° E.

La pleine mer a lieu à Bavatoubé, dans les syzygies, à 4 heures 15 minutes. La marée marne de 3ᵐ 90 aux équinoxes, et de 1ᵐ 48 seulement dans les marées de quartier.

Les îlots Mamouko, situés près de la côte Ouest de la grande baie de Passandava, à 6 lieues de Nossi-Bé, sont dignes d'intérêt sous plus d'un rapport. Il y a entre eux et la grande terre un charmant mouillage par 6, 8 et 10 brasses d'eau, qui offre un abri parfait contre tous les vents; mieux que cela encore, le plus grand de ces îlots, qui est haut et boisé, a, dans sa partie Ouest, une anse où l'on pourrait bâtir une petite ville qui aurait un quai contre lequel des navires pourraient s'amarrer et rester à flot. C'est le seul point des environs de Nossi-Bé où il m'a paru possible d'établir à peu de frais un carénage.

Sur ce même îlot on trouve les ruines d'un établissement européen qui paraît dater du seizième siècle par son genre d'architecture, et qui prouve que cette position a été appréciée depuis longtemps : des portes en ogive et des pans de murs encore debout attestent que ces maisons avaient été bâties solidement. D'un autre côté, les grands arbres sortis du sol entre les murailles, depuis que l'établissement a été abandonné, témoignent assez de son ancienneté.

Cet établissement avait-il été formé par les Portugais ou par les Hollandais? Dans quel but? Quelle cause l'a fait abandonner?... Là-dessus je déclare mon ignorance, et je dirai seulement, pour répondre à cette dernière question, que l'eau potable m'a paru manquer totalement sur ces îlots, de même qu'à la grande terre.

Dans la localité où le capitaine Owen indique, sur son petit plan, qu'on peut faire de l'eau, nous n'avons trouvé qu'une mare d'eau stagnante et un ruisseau à sec (nous étions dans les premiers jours de juillet); peut-être que dans la saison pluvieuse nous eussions été plus heureux.

Il n'y a aucun habitant sur ces îlots, non plus que sur la côte, aux environs de la grande baie de Passandava. Etant mouillés dans le fond de cette baie par 4 brasses, à 2 milles du rivage, nous descendîmes à terre pour visiter les villages indiqués sur la carte du capitaine Owen; ils n'existaient plus, et nous ne pûmes même trouver leurs ruines, tant la végétation avait recouvert rapidement l'emplacement qu'ils occupaient il y a peu d'années; là, comme partout où dominent les Ovas, il n'y a que solitude et désolation.

Île si-Fali. Nossi-Fali (île Chimpaykee d'Owen), située à 8 milles dans l'E. de *Nossi-Bé*, est peu élevée, comparativement à cette dernière île et à Nossi-Cumba; mais elle l'est cependant un peu plus que la pointe de la grande terre, de laquelle elle n'est séparée que par un petit canal navigable seulement pour des barques. Cette pointe de Madagascar, que nous appelons Ambatou, à cause de la montagne de ce nom qui la domine, est basse, marécageuse et couverte de palétuviers; il en est de même de la partie Sud de Nossi-Fali; quant à celle du N., elle est un peu montueuse et couverte d'arbres de diverses espèces.

Nossi-Fali produit du riz en assez grande quantité, et serait susceptible de culture, si elle appartenait à des Européens; pour le moment, ce sont Tsimiarho et Tsimandrou qui en sont possesseurs par moitié, ce qui est souvent pour ces deux chefs sakalaves une cause de rivalité et de discorde. Le premier habite *Nossi-Mitsiou*; l'autre a son principal village sur la pointe Tafondrou de *Nossi-Bé*. Ce sont leurs gens et leurs esclaves qui cultivent le terrain de Nossi-Fali.

La pointe Nord de cette île est moins accore que ne l'indique le plan du capitaine Owen; en la contournant par l'E., nous touchâmes sur un récif qui découvre à marée basse et qui n'est nullement indiqué sur ce même plan.

Ces rectifications sont faites sur la carte de ces parages, que nous publions.

Tableau des sondes faites sur le banc de Saya de Malha dans la journée du 23 au 24 septembre 1840.

HEURES.	SONDES.	QUALITÉ DU FOND.	LATITUDE SUD.	LONGITUDE EST.
1ʰ30ᵐ	55 br.	Pas de fond.	9°19′00″	58°52′10″
1 30	45	Idem.	9 24 00	58 29 10
3 30	45	Idem.	0 32 30	58 24 50
4 30	45	Idem.	9 37 00	58 20 30
5 30	45	Idem.	9 41 30	58 18 00
6 30	35	Idem.	9 46 00	58 16 20
7 30	50	Idem.	9 50 30	58 14 00
8 30	45	Idem.	9 54 15	58 11 00
9 30	25	Corail.	9 59 00	58 09 00
9 45	17	Idem.	9 59 45	58 07 50
10 00	12	Sable et corail.	10 00 30	58 07 00
10 15	15	Idem.	10 01 00	58 06 30
10 30	18	Idem.	10 01 45	58 06 00
11 00	22	Sable jaune.	10 02 30	58 05 30
11 15	30	»	10 03 00	58 04 00
11 30	32	Corail.	10 04 00	58 03 30
Minuit.	45	Corail et gravier.	10 05 15	58 03 00
0 15	45	Idem.	10 06 00	58 02 30
0 30	48	Corail.	10 06 15	58 02 00
0 45	45	Idem.	10 06 45	58 01 40
1 00	50	Idem.	10 07 10	58 01 10
1 15	47	Idem.	10 07 30	58 00 50
1 30	47	Idem.	10 07 45	58 00 20
1 45	47	Idem.	10 08 10	58 00 90
2 00	47	Idem.	10 08 45	57 59 30
2 15	50	Sable et corail.	10 09 00	57 59 10
2 30	50	Idem.	10 09 30	57 58 50
2 45	47	Idem.	10 10 15	57 58 30
3 00	50	Idem.	10 11 30	57 58 00
3 30	49	Idem.	10 13 30	57 56 30
4 00	47	Idem.	10 16 00	57 56 00
4 30	45	Le plomb sans suif.	10 18 00	57 54 50
5 00	35	Idem.	10 20 00	57 54 00
5 15	32	Corail.	10 21 00	57 53 80
5 30	37	Idem.	10 22 00	57 52 30
6 00	25	Idem.	10 24 00	57 52 00
7 00	31	Idem.	10 27 00	57 51 30
7 15	33	Idem.	10 28 00	57 49 50
7 30	34	Idem	10 29 00	57 49 20
8 00	33	Idem.	10 31 00	57 48 00
8 30	32	Idem.	10 32 30	57 47 30
9 00	34	Idem.	10 34 00	57 46 30
9 30	50	Pas de fond.	10 35 30	57 45 40
10 00	100	Idem.	10 37 30	57 43 30

OBSERVATIONS.

On n'a pas filé davantage de ligne pour ne pas retarder la marche de *la Prévoyante*, pressée d'arriver à Bourbon pour cause de manque de vivres. On venait simplement en ralingue pour chaque sonde, et on cessait de filer dès que la ligne ne venait plus à pic.

Les longitudes portées ci-dessus sont corrigées d'après l'état absolu des montres, obtenu sur la rade de Saint-Denis, le 2 octobre, c'est-à-dire huit jours seulement après celui où les sondes ont été faites.

Depuis 9 h. 30 m. du soir, instant où l'on a obtenu le fond pour la première fois, jusqu'à 11 h. 30 m., on est resté sous les huniers seulement, et l'on sondait constamment des deux bords avec une ligne à main. La sonde de 12 brasses est la plus faible de toutes celles obtenues, mais il y en a eu beaucoup de 13, 14 et 15 brasses. Dans ce moment le fond paraissait assez uni. S'il avait fait jour, on eût pu distinguer facilement des coraux à l'œil.

Au jour, quoique encore sur le banc, l'eau ne nous a pas paru décolorée d'une manière bien sensible, même à la sonde de 25 brasses.

GABARE LA PRÉVOYANTE.

Traversée de Bourbon à Nossi-Bé, à Mayotte, et retour de Mayotte à Bourbon (1840).

DATES.	VENTS.	ÉTAT DU CIEL.	BAROMÈTRE.	Thermomètre centigrade.	LATITUDE à midi.	LONGITUDE à midi.	DÉCLINAISON de l'aiguille.	COURANTS dans les 24 heures.	OBSERVATIONS.
1840.									
14 avril	Du S. E. au S. S. O., petite brise	Très-beau	0,759	28°5	19°56' 10" S.	52°00' 00" E.	15°03' N. O.	22m S. 73°O.	Parti de Saint-Denis, le 13, à 4 heures du soir.
15	Du S. au S. O., idem	Idem	0,758	28 6	18 58 58	51 27 10	12 20	16 N.25 E.	
16	S. et S. S. O., bon frais	Nuageux, quelques grains	0,758	29 2	16 36 30	49 36 30	»	16 N.21 E.	
17	S. et S. S. E., petite brise	Idem	0,758	28 8	13 57 30	47 53 00	10 23	32 N.	
18	E. S. E., jolie brise	Nuageux	0,758	29 0	12 13 58	47 13 00	12 00	26 N.	De 6 heures du soir à 4 heures du matin.
19	De l'E. S. E. au S. S. E.	Beau	0,759	29 2	»	46 56 18	Longitude du cap d'Ambre.	»	A 3 h. du soir, mouillé sous le cap Saint-Sébastien.
20	De l'E. au S. E.	Idem	0,758	29 3	Près de Nossi-Mitsiou.		»	»	A 1 heure après-midi, mouillé à Nossi-Mitsiou.
21	E. et E. S. E., faible	Très-beau	0,758	29 7	Près de Nossi-Bé.		»	»	A 5 heures du soir, mouillé à Nossi-Bé.
TRAVERSÉE DE NOSSI-MITSIOU (MINOW) A MAYOTTE.									
19 août	Ont fait le tour du compas	Nuageux, mais beau	Cassé.	27 5	12 45 50 S.	44 52 45 E.	13 23	9 N.77 E.	
20	Très-variables et calmes	Idem	»	27 5	12 42 50	44 08 00	14 32	Peu sensibles	
21	Ont fait le tour du compas	Idem	»	27 0	12 19 00	43 49 00	»	11,5 S.57 E.	
22	Idem	Beau temps	»	27 7	12 35 00	43 29 00	74 15	9 N.25 E.	
23	S. et S. O.	Idem	»	27 6	Sous Mayotte		»	»	Mouillé sous Mayotte à 1 heure de l'après-midi.
TRAVERSÉE DE MAYOTTE A BOURBON.									
29	Variable de l'E. S. E. au S. E.	Beau temps	Cassé.	28 0	11 30 30 S.	44 06 00 E.	»	18 N. 2 E.	POSITION DE LA VILLE D'ANDRIAN-SOULI
30	Du S. à l'E.	Nuageux	»	27 2	10 39 30	44 02 00	»	39 N. 80 O.	Latitude... S. 12° 46' 44" 20
31	Du S. S. O. au S. E., petite brise	Idem	»	27 6	10 11 00	44 04 00	9 12	62 N. 77 O.	Longitude... E. 42 59 18 30
									Déclinaison de l'aiguille... 11 52 31 N. O.
1er septembre	Variable du S. E. au S. S. E., jolie brise	Beau temps	»	27 0	9 36 00	44 07 00	11 22	M O.	Dans l'O. des îles Astove et Cosmolédo.
2	S. E., brise fraîche	Idem	»	26 5	8 45 30	45 13 00	10 24	Peu sensibles	
3	S. S. E., idem	Nuageux	»	27 0	8 10 30	46 30 00	»	19 O. S. O.	
4	S. et S. S. E	Idem	»	27 4	7 40 30	47 51 30	»	26 O. 19 N.	
5	Idem	Idem	»	27 6	7 11 00	49 16 00	8 55	0 N. 12 E.	
6	S. S. E. et S. E.	Beau	»	27 7	6 40 00	50 34 00	8 16	8 N. 45 E.	
7	S. E., petite brise	Idem	»	27 9	6 30 00	51 16 00	»	13 N. 70 E.	
8	S. E., idem	Nuageux	»	28 0	5 31 30	52 44 00	5 03	17 N. 24 E.	
9	S. E. et S. S. E., petite brise	Idem	»	28 0	5 29 00	53 15 00	»	0 N.	
10	Idem	Couvert et à grains	»	27 6	5 09 00	54 20 30	»	12 N. 73 E.	
11	S. E., brise inégale	Idem	»	29 0	5 04 50	55 24 10	4 02	16 E.	
12	Idem	Idem	»	28 6	6 25 00	54 30 00	4 07	20 S. 68 O.	
13	S. E. et S. S. E.	Idem	»	28 2	6 09 00	55 09 10	»	26 N. 53 O.	Dans le S. E. des Séchelles.
14	S. S. E.	Idem	»	28 3	5 27 00	56 39 45	4 17	18 N. 45 O.	
15	Idem	Nuageux sans pluie	»	28 7	5 06 00	58 12 10	3 43	Peu sensibles	Dans l'O. du banc du Swift.
16	S. S. E. et S.	Idem	»	28 5	4 56 00	59 55 25	»	8 E. 10 N.	
17	S., brise molle	Nuageux et à grains	»	28 5	5 00 00	61 18 00	3 10	7 N. 10 E.	Dans l'E. de l'écueil Rose-Gallez.
18	S. S. E., jolie brise	Beau	»	29 0	5 26 00	61 04 00	»	Peu sensibles	
19	S. E. et S. S. E., idem	Couvert et pluvieux	»	28 0	5 55 15	60 56 17	Pas d'obser.	Idem.	
20	S. E., brise molle	Nuageux et à grains	»	28 2	7 03 30	59 37 10	6 20	18 O.	
21	Idem	Idem	»	28 0	8 11 estime	59 04 estime	»	Pas d'obser.	
22	S. E. et S. S. E.	Idem	»	28 0	8 06 idem	59 58 idem	»	Idem.	
23	Variable de l'E. S. E. au S. S. E.	Idem	»	28 1	9 17 30	58 38 00	»	15 S. 55 O.	
24	Idem	Idem	»	27 8	10 44 10	57 41 30	7 00	23 O.	Nous avons coupé le banc de Saya de Malha.
25	S. E., belle brise	Beau	»	27 5	12 28 00	56 38 40	8 00	31 O. 20 S.	
26	E. S. E. et S. E.	Couvert	»	27 9	14 15 20	55 47 30	6 16	31 O. 20 S.	
27	Idem	Idem	»	26 8	16 06 22	55 11 00	9 30	29 O. 22 S.	
28	Idem	Idem	»	26 2	17 56 32	54 33 25	10 53	28 O. 11 S.	
29	Idem	Beau	»	26 1	20 08 00	54 07 00	13 40	33 S. 73 O.	
30	E. S. E., variable au S.	Couvert	»	25 8	»	»	»	»	A 9 h. 1/2 du matin, mouillé sur la rade de St-Denis.

RENSEIGNEMENTS NAUTIQUES

ET AUTRES

SUR L'ILE MAYOTTE.

Les renseignements suivants sur l'île Mayotte ont été recueillis pendant un séjour d'un mois qué nous fîmes dans cette île en 1841, au milieu d'occupations nombreuses qui avaient pour but la reconnaissance des mouillages de la partie E. et S. E. où se trouve, en dedans des récifs, une belle rade abritée de la mer par ces mêmes récifs, et du vent par quelques îlots ainsi que par la grande île.

Déjà, lors de la très-courte apparition que nous avions faite dans ces parages, l'année précédente (août 1840), et qui nous procura la rencontre du négrier pirate *le Pocha*, nous fûmes frappés des avantages qu'on pouvait retirer d'une position comme celle de Mayotte, et, à notre retour à Bourbon, nous en rendîmes compte verbalement à M. le contre-amiral de, Hell, alors gouverneur, qui jugea très-opportun, après la prise de possession de Nossi-Bé, de nous renvoyer à Mayotte, pour examiner de nouveau cette localité, et dresser le plan de la rade principale.

La Prévoyante est donc le premier bâtiment de guerre français qui ait sillonné les passes de la partie Est et de la partie Nord de Mayotte, et qui ait montré son pavillon aux habitants de cette île, habitués à ne voir sur leur rade que de petits caboteurs de la côte d'Afrique et de la côte d'Arabie.

Pressés par le temps et par le peu de vivres qui restaient à bord, nous ne pûmes consacrer qu'un mois seulement à un travail qui en eût demandé au moins quatre pour le faire avec toute la perfection désirable. Les renseignements que nous publions ici se ressentent indubitablement de cette précipitation ; mais, comme nous sommes loin de la prétention de n'avoir commis ni erreurs ni omissions, nous ne donnons ces renseignements que comme un canevas qui pourra être utile aux officiers commandants qui fréquenteront les parages que nous avons visités. Leur expérience et leurs lumières éclairciront sans doute bien des questions de détail que nous n'avons fait qu'ébaucher ; et d'ailleurs, n'ayant point visité la côte occidentale de l'île, toute cette partie reste à être examinée et décrite, ce qu'ont déjà commencé MM. les capitaines Tréhouart, de *la Blonde*, et Protet, de *la Lionne*. Avec leurs travaux réunis aux nôtres, on pourra, je pense, dresser plus tard une carte générale de Mayotte [1].

Position géographique.

Mayotte, ou *Mahoré*, est la plus Sud et la plus Est des îles *Comore*. Elle est comprise entre les parallèles de 12ᵛ 34′ et 13° 2′ au S. de l'équateur, et les méridiens de 42° 43′ et 43° 3′ à l'E. de Paris ; ce qui la met à 54 lieues marines dans l'O. 10° N. de Nossi-Bé, et à 300 lieues de Bourbon, en contournant le cap d'Ambre par la voie la plus directe.

Cette route (j'entends celle de Bourbon à Mayotte) peut se faire facilement en 6 ou 7 jours pendant la mousson de S. E. ; mais le retour, pendant cette même mousson, demande quatre fois plus de temps, à cause des courants du cap d'Ambre, et du long circuit qu'il faut faire pour s'élever dans l'Est [2].

Les observations que nous avons faites sur la petite île Zaoudzi, résidence du sultan, placent la ville par 12° 46′ 43″ de latitude, et par 43° 1′ 21″ de longitude. Cette position ne

---

[1] Dans le cas où, après avoir créé un établissement à Mayotte, on en retirerait un jour l'avantage que nous espérons, c'est un devoir pour nous de déclarer, en notre âme et conscience, que M. le capitaine Passot, aide de camp de M. le gouverneur de Bourbon, qui se trouvait en mission à bord de *la Prévoyante* dans ses deux voyages, a beaucoup contribué à faire apprécier cette localité, et que c'est à lui personnellement que le sultan Andrian-Souli a fait, à diverses reprises, des propositions pour la cession de son île. Plusieurs personnes nous ayant fait un mérite de cette découverte, nous renvoyons ce mérite à qui de droit, en ne gardant que la part qui nous revient.

[2] Pendant les quatre mois d'hivernage, c'est-à-dire de décembre à avril, où les vents dépendent souvent du N. E. et du N., il peut se faire qu'on ne mette que quinze jours et même moins pour faire la traversée de Mayotte ou de Nossi-Bé à Bourbon. C'est ce qui, à ma connaissance, est arrivé, au mois de janvier 1841, à la gabare *la Lionne*, sous le commandement de M. de Parnajon.

D'un autre côté, en tentant plusieurs fois le voyage de retour de la partie Nord du canal de Mozambique à Bourbon, par le S. de Madagascar, dans les huit autres mois de l'année, peut-être y trouverait-on de l'avantage, bien que ce ne soit pas mon opinion. Ce ne sera, du reste, qu'après plusieurs essais de ce genre, à différentes époques de l'année, qu'il sera permis de porter un jugement définitif à cet égard.

differe pas essentiellement de celle que la carte lui fait supposer.

Mayotte a une forme allongée dans le sens Nord et Sud. L'inté- Configuration.
rieur est dominé par une chaîne de montagnes, dont plusieurs
sommets sont assez élevés. Les côtes sont si découpées par
une foule d'anses et de baies que presque tout le terrain est
en mornes ou pointes. Il n'y a, par conséquent, point de
grandes plaines, mais seulement des vallons assez profonds
dans certains endroits, et très-propres à la culture.

La figuration de l'île, tracée sur les cartes à petit point
que nous possédons et qui sont les seules qui existent, ne
donne nullement une idée exacte de la forme de Mayotte. Je
ne sache pas qu'aucun bâtiment de guerre d'aucune nation y
ait jamais abordé ; les indigènes, du moins, n'en ont pas con-
servé le souvenir, et la tradition ne le leur a pas transmis. On
lit dans Horsburgh que le chenal du N. O., le seul qu'il indique, n'a pas été fréquenté par des navires anglais depuis plus
de 70 ans [1] ; ainsi, tout ce que dit sur Mayotte cet utile com-
pilateur nautique est, en grande partie, copié de *D'Après*, qui,
lui-même, n'en parle que d'après des capitaines de son temps
qui ont seulement passé en vue de l'île. Ce qu'ajoute Horsburgh au sujet de l'heure de l'établissement de la marée et de
la quantité dont la mer marne est très-erroné.

Tous les bâtiments qui ont passé à petite distance de Mayotte,
l'ayant jugée en quelque sorte inaccessible par l'immense ceinture de coraux qui l'enveloppe, n'ont jamais été tentés de chercher s'il n'y avait pas intérieurement quelque bon mouillage
et des passes pour y arriver. De là vient qu'elle n'a jamais été
fréquentée par les Européens et qu'elle était si peu connue.
Qu'on jette un coup d'œil sur la configuration de cette île,
telle qu'elle est donnée dans le *Neptune oriental* de D'Après,
et on pourra juger s'il était possible de l'aborder. Les cartes
plus récentes ont retranché à tort des récifs dans quelques
parties de la côte, sans que, par ailleurs, les contours en
soient figurés plus exactement.

Les Arabes de Mascate, de Zanzibar, d'Anjouan et autres

---

[1] Deux corvettes, l'une anglaise et l'autre américaine, sont allées visiter
Mayotte, depuis que nous avons établi des relations avec cette île. Parmi les
bâtiments de guerre français qui y ont séjourné après *la Prévoyante*, nous cite-
rons la corvette *la Blonde*, la frégate de 60 *l'Uranie*, la gabare *la Lionne*, le
brick *le Messager*, la corvette *la Danaïde*, etc.

îles voisines, sont les seuls qui aient une idée des mouillages de Mayotte et des passes qui y conduisent. Eux seuls font le commerce avec cette île, parce que leurs *daws* [1], calant peu d'eau, peuvent passer partout à marée haute, et que la mer est belle. Ils savent où il y a des ouvertures dans le récif, mais ils ignorent la profondeur de l'eau et la direction à suivre pour chenaler ; aussi je les crois incapables, pour la plupart, de piloter un grand bâtiment au principal mouillage. Leur surprise était extrême de voir *la Prévoyante* passer par le N. comme par le S., contourner toutes les îles, naviguer dans cette petite mer intérieure comme l'aurait fait une pirogue, sans qu'il lui arrivât le moindre accident. Les Arabes ne sondent pas ; ils se contentent de regarder le fond, et tant qu'ils ne voient pas les roches, ils continuent leur route. Au reste, c'est un excellent moyen dans les mers où les eaux sont très-transparentes. Je l'ai employé souvent moi-même pour contourner des pâtés de coraux que, du haut de la mâture, on découvrait au loin.

Montagnes. Les montagnes principales de Mayotte sont : *Ouchongui*, *Mavéguani*, *Qualey*, *Combani*, *Monsaperey*, et un double piton au Nord dont on n'a pu me dire le nom [2].

Ouchongui, sans être la plus élevée, est la plus remarquable de toutes, par sa forme conique qui est parfaite, de quelque côté qu'on la regarde. Jamais l'expression de pain de sucre, employée habituellement par les marins pour désigner cette espèce de montagne, ne fut plus à propos. Horsburgh l'appelle *pic Valentin ;* mais j'ai préféré lui conserver le nom que les habitants de Mayotte lui donnent, et j'ai fait de même pour toutes les autres montagnes, pointes, baies, îles, etc. Au moins, quand on arrive dans un pays qu'on ne connaît pas encore, on peut désigner aux indigènes les lieux dont on leur parle par des noms qui ne leur sont pas étrangers. J'ai suivi cette méthode dans toutes les reconnaissances hydrographiques dont j'ai été chargé jusqu'à ce moment.

Mavéguani est, je crois, le point culminant de l'île. J'ai calculé sa hauteur, que je trouve être de 443 mètres au-dessus du niveau de la mer[3] . Cette montagne, vue de l'E., n'a qu'un seul

---

[1] Bateaux à grande voile latine, dont le mât est incliné sur l'avant et la poupe très-élevée.

[2] Nouvoua-Moubé.

[3] Lorsque j'ai écrit ceci, je n'avais pas encore calculé l'élévation des autres

piton ; mais elle en a deux lorsqu'elle est vue du N. et du S. Elle sert de point de reconnaissance pour venir chercher la coupée principale du récif, du côté de l'Est.

Qualey, plus rapprochée de la côte, domine l'intérieur de la rade de Bouzi, et n'a rien de remarquable dans sa forme. Son élévation est de 438 mètres. Elle peut servir d'amers pour venir reconnaître l'entrée de la dangereuse passe appelée Longogori, et faire la première partie du chenal, en la relevant au N. 50° O., mais je ne conseillerai jamais de s'engager dans ce dédale de coraux.

Monsaperey est une grosse masse de mornes superposés les uns sur les autres, et dont le sommet principal n'a rien de très-saillant. Leur pied baigne la côte du N. E. L'élévation de cette montagne est de 574 mètres.

Combani est un morne boisé et de forme conique, qui se trouve dans l'intérieur de l'île. Sa hauteur est moindre que celles des montagnes que je viens de nommer.

La température moyenne, à midi, pendant le mois d'avril, a été de 29° à 31° 5 centigrades. Je ne pense pas qu'elle s'élève, dans la saison des plus fortes chaleurs (janvier et février), au-delà de 34° centigrades, ou 27° 2 Réaumur, à l'ombre.

Température, vents, saisons, salubrité.

Dans ce même mois, les vents ont été modérés et généralement du S. E. au S. O. ; c'était le moment du renversement de mousson. La saison pluvieuse, ou hivernage, est déterminée comme à Bourbon, par les lunes de décembre et de mars. Lors de notre arrivée à Mayotte, dans les premiers jours d'avril, le temps était encore à grains, suivis de calmes. Ces grains venaient toujours de l'E. ; ils étaient noirs et de mauvaise apparence pour un bâtiment sous voiles ; mais ils donnaient généralement plus de pluie que de vent. Le temps ne s'est mis régulièrement au beau qu'après la première quinzaine d'avril passée.

Les coups de vent sont, dit-on, très-rares à Mayotte. Les habitants conservent cependant le souvenir d'un ouragan qui aurait eu lieu il y a une dizaine d'années, et qui aurait déraciné des arbres. L'aspect du rivage, sur lequel la végétation pousse jusqu'à la laisse de haute mer, prouve qu'habituellement il n'y a pas de mauvais temps.

Mayotte passe, au dire des habitants, pour la plus saine des

---

montagnes. J'ai trouvé que Monsaperey et Ouchongui étaient plus élevées que Mavéguani.

îles *Comore* ; cependant, je crois que, si on habitait des parties basses et boisées, on serait exposé aux fièvres intermittentes. La pointe *Choa,* sur laquelle se sont établis les Sakalaves, et l'île Zaoudzi, sur laquelle est bâtie la ville arabe, me semblent des lieux fort sains. Le séjour des rades l'est également, et personne de mon équipage n'a été malade, quoique mes embarcations aient été employées, du matin au soir, au service pénible d'une exploration minutieuse. Toutefois, je dois dire que M. le capitaine Passot, qui a couché à terre pendant une vingtaine de jours, est rentré à bord avec la fièvre, et qu'au bout d'un mois de mer il n'était pas encore complétement rétabli.

Les maladies les plus ordinaires parmi les indigènes sont les maux de jambes. On en voit avec des plaies dégoûtantes, que j'attribue à la lèpre, si commune parmi cette race d'hommes. Il va sans dire que la gale est une chose presque naturelle; on ne songe même pas à s'en guérir. En général, les habitants de Zaoudzi (la ville arabe) sont sales et misérables. Les idées de fatalisme dans lesquelles les nourrit le mahométisme, dont ils ne connaissent, au reste, que quelques pratiques, les rendent apathiques et paresseux; mais ils sont doux et hospitaliers.

Population.

Mayotte est fort peu peuplée, eu égard à sa grandeur et au terrain, susceptible d'être cultivé, qu'elle recèle entre ses montagnes. Je ne pense pas que le chiffre total de la population s'élève, en ce moment, au delà de 1,200. Elle a été beaucoup plus peuplée autrefois; mais ce malheureux pays a presque toujours été en guerre avec ses voisins, ou en guerre civile par suite de révolutions continuelles qui renversaient le chef de l'île, pour en mettre un autre à sa place, dès qu'un ambitieux savait rallier quelques mécontents et se mettre à leur tête. Mahométans ignorants et grossiers, il leur est arrivé ce qui est arrivé partout où cette religion a été établie, que la force du sabre a été tout et que le pouvoir a toujours été au plus audacieux. De là, guerre intestine continuelle, qui traîne à sa suite l'insouciance, la paresse et la famine, fruits du fatalisme.

Les anciens sultans ou rois de Mayotte habitaient une ville située à la côte Ouest, et dont il ne reste plus que quelques ruines ; mais, comme elle n'était pas défendue, elle tombait, dès les premiers coups de main, au pouvoir du prétendant qui se présentait avec des forces imposantes. Un des sultans, sous ce rapport mieux avisé que ses prédécesseurs, vint s'établir sur l'île Zaoudzi, où il put se retrancher derrière une muraille et fermer, chaque soir, la porte d'entrée. Depuis ce temps, les règnes ont eu un peu plus de durée ; mais, comme chaque chose dans le monde a son inconvénient, voici ce qui est arrivé : la ville est devenue la résidence de la majeure partie des habitants de l'île, qui s'y sont entassés par peur. Les campagnes ont été abandonnées, et c'est à peine si on a cultivé les racines ou graines nécessaires à la subsistance. On s'est dit : « L'île est pleine de cocotiers et de bananiers qui ne demandent aucun soin ; vivons donc de cocos et de bananes, et passons notre temps dans l'oisiveté. Pourvu que nous fassions nos ablutions trois fois par jour, et que nous ne mangions pas de porc, après cette vie nous irons dans le paradis de Mahomet où rien ne nous manquera. »

Voilà, en peu de mots, les habitudes et les mœurs des habitants de Mayotte. Après cela peut-on être surpris de la misère qui y règne et du décroissement de la population ? Toutefois, je dois dire que les émigrations de Madagascar ont, depuis quelques années, changé un peu les habitudes du pays, et que la culture du riz, du maïs et des patates aurait prospéré sous Andrian-Souli, si la révolte de Driannavi n'était venue replonger le pays dans la détresse. Célui-ci, par ses excursions, a détruit une grande partie des plantations ; et les partisans d'Andrian-Souli ne se sont pas donné la peine de les renouveler cette année. Ils ont mangé les bœufs et les volailles qui étaient sur l'île, de sorte qu'on ne trouve plus, en ce moment, que quelques cabris qui étaient naguère très-abondants.

Je crois Mayotte susceptible de produire, en petite quantité, il est vrai, toutes les denrées coloniales qui viennent à Bourbon et à Madagascar : il ne faudrait que se donner la peine de les cultiver ; ainsi, la canne à sucre, le café, le riz et presque tous les fruits des tropiques y viendraient très-bien, puisqu'ils y existent déjà à l'état sauvage. Il n'y aurait plus qu'à donner des soins aux plantes, les greffer et les transporter dans les lieux les plus convenables ; mais, comme que je l'ai déjà dit, les montagnes occupent une grande partie de l'île, et le terrain dont elles sont formées est rougeâtre et généralement de mauvaise qualité.

Ainsi, on se tromperait fort si on envisageait Mayotte comme une île pouvant rapporter beaucoup par l'exportation de ses produits. Je crois, au contraire, qu'elle ne pourrait rien exporter si sa population devenait ce qu'elle pourrait être, et qu'il y eût en plus une forte garnison à nourrir. Seulement, lorsque le riz serait assez abondant pour qu'on ne consommât plus le coco comme aliment ordinaire, ce fruit étant très-commun, on pourrait en faire de l'huile à brûler et du savon.

Mayotte ne pourrait donc être qu'une position maritime pour la France, mais une position susceptible d'acquérir une grande importance en temps de guerre, par ses bonnes rades et la facilité avec laquelle elles pourraient être défendues.

Rivières ou cours d'eau.— Lacs.

On ne peut guère donner le nom de rivière à quelques cours d'eau plus ou moins forts qu'on rencontre au fond de diverses anses de la côte Est de Mayotte. Ce ne sont, en général, que de petits ruisseaux dont l'eau fade et blanchâtre ne se conserve pas longtemps. Je crois cependant devoir faire une exception en faveur de la petite rivière de l'anse d'Ebenney, dont le cours est plus rapide et l'eau plus limpide qu'ailleurs : on peut la remonter avec une chaloupe à plus de $\frac{1}{2}$ mille de son embouchure ; mais il faut pour cela profiter de la marée haute. On attend que le jusant ait entraîné toute l'eau saumâtre, et on remplit ses pièces en puisant à la rivière ; toutefois, il faut se hâter, si l'on ne veut pas rester échoué ; car, à mi-marée, la barre de l'entrée assèche.

Lorsqu'on n'est pas trop pressé, pour avoir une meilleure eau, l'embarcation pourrait passer toute une marée dans la rivière, ne faire son chargement que vers la fin du jusant et sortir aux deux tiers du flot ; mais ce moyen fait perdre beaucoup de temps, sans compter que l'anse d'Ebenney est déjà fort éloignée du mouillage ordinaire [1].

L'île Zaoudzi n'a que quelques puits qui suffisent à peine pour les besoins de ses habitants, qui consomment beaucoup d'eau pour les ablutions. Le plus petit navire ne pourrait compter sur cette ressource pour son approvisionnement.

La grande île de Pamanzi, qui abrite le mouillage depuis le N. E. jusqu'à l'E. S. E., est aussi dépourvue d'eau. Les bestiaux qu'on y mettait naguère, lorsque la disette était moins

---

[1] M. Tréhouart, capitaine de corvette, ayant fait avec *la Blonde* un plus long séjour que moi à Mayotte, m'a dit avoir fait facilement son eau à l'aiguade qui est sur la côte Ouest de la rade, au delà de Bouzi, et dont la position est indiquée sur mon plan. Cet officier supérieur est parvenu, sans beaucoup de travail, à réunir plusieurs petits ruisseaux qui forment un volume d'eau assez considérable pour permettre de remplir une chaloupe de corvette en moins de deux heures, et il a reconnu que cette eau n'avait aucune qualité nuisible, et qu'elle se conservait bien.

grande à Mayotte, étaient obligés de profiter de la basse mer pour passer à Zaoudzi, où ils venaient se désaltérer avec l'eau qu'on leur tirait des puits.

On conçoit que ce moyen serait insuffisant pour les nombreux troupeaux qu'on pourrait entretenir sur cette vaste île couverte d'herbe et dépourvue d'arbres. Avec de l'eau douce, Pamanzi serait on ne peut plus convenable pour avoir toujours sous la main un troupeau de 400 bœufs. Il suffirait de les y placer et il n'y aurait plus à s'en occuper, puisqu'il n'y a aucune plantation sur cette île et que le terrain n'est guère propre à la culture. Les habitants de Mayotte assurent qu'en creusant des puits profonds on aurait de l'eau ; il y en a déjà un où l'on ne trouve, pour le moment, que quelques pouces d'eau, bien qu'il ait au moins 16 mètres de profondeur.

Pamanzi renferme, à sa partie Nord, un ancien cratère devenu un lac dont l'eau est sulfureuse. Plusieurs de ces messieurs l'ont visité, entre autres M. Passot, qui en a rapporté une bouteille qu'on pourra analyser.

D'après le dire des habitants, cette eau a la vertu de guérir les maladies de la peau ; ce serait donc, par un bienfait de la Providence, le remède placé à côté du mal ; mais il me semble que les malades de Zaoudzi n'en usent guère, si j'en juge par l'aspect de leurs plaies.

M. Passot, qui a parcouru la côte Ouest de Mayotte, nous a dit avoir visité un autre lac d'eau douce à 4 ou 5 milles du rivage, et qui abonde en toute espèce d'oiseaux aquatiques. Il assure aussi avoir suivi le cours d'une petite rivière dont l'eau est très-bonne et qui tombe en cascade dans une des baies de cette côte.

Mayotte est entourée d'une ceinture circulaire de récifs qui la défend contre les envahissements de la mer. Ces récifs, à leur abord extérieur, ont, comparativement à la profondeur de l'eau, mesurée à une très-petite distance, une élévation qui paraîtrait incroyable si je ne m'en étais assuré quantité de fois par mes sondes. L'élévation de ces coraux est généralement de 25 à 30 mètres, en laissant tomber le plomb à 5 ou 6 mètres du chapiteau qui les couronne ; mais si on s'éloigne encore de 10 à 20 mètres, on trouve souvent que leur base est placée à 50 mètres au-dessous de la surface de la mer ; à 2 encablures de distance, on ne trouve plus le fond avec 80 ou 100 mètres de ligne.

Au sujet des coraux, j'ai fait une remarque qui n'est pas

nouvelle, mais que mes observations pourront confirmer : c'est que, lorsqu'ils sont arrivés au terme de leur croissance, ils ont tous le même niveau, qui est celui des basses mers dans les grandes marées.

Moyen d'observer approximativement la quantité dont la marée marne dans tous les pays où il y a des coraux.

Dès que des coraux sont exposés aux rayons du soleil, ils se flétrissent et leur croissance est arrêtée. Je tire de là un moyen approximatif d'observer, dans les régions intertropicales, à un jour quelconque de la lune, même dans les quadratures, la quantité dont la marée marne aux équinoxes. Pour cela, il suffit de sonder à basse mer et à haute mer sur des coraux parvénus au terme de leur croissance ; la somme des deux quantités trouvées sera l'élévation totale de l'eau dans les grandes marées. Exemple : je suppose que, dans une marée de quartier, on observe l'instant de la basse mer sur un pâté de corail dans la condition requise, et qu'une échelle graduée donne alors 4 pieds pour l'élévation de l'eau ; que la même échelle, au moment de la haute mer, donne 9 pieds ; j'en conclurai, sans erreur bien sensible, que la mer doit marner de 13 pieds aux syzygies.

De simples observations de ce genre, faites dans beaucoup de localités où le mouvement des eaux de la mer est encore inconnu, donneraient peu de peine et rendraient des services à la navigation.

Marées.

On lit dans Horsburgh, au sujet de Mayotte : « L'établissement est $5^h 45^m$; la mer marne de 10 à 11 pieds. En 1798, la variation était de 17° 36′ N. O. »

Les observations de marées que j'ai fait faire de quart d'heure en quart d'heure, pendant vingt et un jours, depuis le lever du soleil jusqu'à son coucher, à une échelle bien graduée, m'ont donné le résultat suivant :

Heure de la pleine mer dans les syzygies.........................	$4^h 30^m$
Différence du niveau de l'eau entre la haute et basse mer dans les syzygies ordinaires....................................	$3^m 62$
Même différence dans les marées de quartier.......................	$0^m 34$
Même différence dans les marées d'équinoxe.......................	$4^m 11$

L'échelle dont je me suis servi était placée à la pointe Nord de Zaoudzi, dans un lieu qui n'assèche jamais, et où la mer est toujours belle dans la saison où nous nous trouvions.

Quant à la déclinaison de l'aiguille, nous l'avons trouvée de 11° 40′ N. O. ; ce résultat est la moyenne des observations qui ont été faites dans ce but, tant à bord qu'à terre ; il s'ensuit que, depuis quarante-trois ans, elle a diminué de 6°.

Les courants sont très-variables en force comme en direction, dans la rade de Mayotte, suivant l'heure de la marée et suivant le mouillage qu'on occupe. On concevra facilement que, quand les récifs sont couverts, l'eau s'étend librement en tous sens, tandis que, lorsqu'ils sont à découvert, le passage se trouvant bouché dans un grand espace, la mer se précipite vers l'issue qui est la plus voisine, d'où il suit que le plus fort courant a lieu dans la dernière heure du jusant et dans la première heure du flot. Toutefois, je ne crois pas que le maximum de sa vitesse aille jamais au delà de 3 nœuds dans la passe Bandéli, où sa direction, sur la fin du jusant, est l'E. N. E. contournant le récif; il faut alors s'en défier et gouverner en conséquence. Dans les marées ordinaires, le maximum de la vitesse de ce même courant est de 1^m 5 à 2 nœuds.

Au mouillage de Zaoudzi, le flot porte au N. et le jusant au S.

Dans l'anse Pamanzi, le courant ne se fait point ou presque point sentir lorsqu'on est en dedans de la pointe Nord de Zaoudzi. Entre cette pointe et les îles Mognaméri et Cacazou, la marée suit la direction du chenal, le flot allant à l'E. et le jusant à l'O.

Vis-à-vis la pointe Nord de Mayotte, le flot porte au S. et le jusant au N., c'est-à-dire en sens contraire de ce qui a lieu dans la rade intérieure.

Entre Zambourou et la côte N. O. de Mayotte, le flot va dans l'O. et le jusant à l'E.

Toutes ces remarques prouvent que le courant n'a point de direction unique pour chacune des phases de la marée, mais qu'au contraire il varie dans chaque localité, suivant la configuration de la côte et les coupures du récif qui l'enveloppe.

Iles principales qui entourent Mayotte.

Il me reste peu de chose à dire sur Pamanzi, dont j'ai déjà parlé, et qui est la plus grande de ces îles. En jetant un coup d'œil sur le plan, on voit quelle est sa forme. Il n'y a que la pointe du S. qui soit basse; tout le reste est parsemé de monticules et même de mornes élevés entièrement dépourvus d'arbres. Le point culminant de la chaîne principale est élevé de 208 mètres au-dessus de la mer. Ces mornes sont recouverts par une herbe dure et haute, et il n'y a que dans quelques gorges seulement qu'apparaissent, de loin en loin, quelques arbrisseaux. Sur le rivage qui fait face au N., il y a cependant un bel arbre que son isolement fait remarquer de loin. Sur la pointe plate du S., il y a quelques palétuviers et les herbes y sont plus hautes qu'ailleurs.

Sur la côte Ouest de Pamanzi, non loin de Zaoudzi, se trouve une partie basse et marécageuse qui, à la haute mer, présente l'aspect d'un beau bassin; mais, lorsque la marée est basse, il ne reste plus que très-peu d'eau, et on voit que l'entrée est barrée par des pierres, du sable et des coraux qui s'étendent à près de 150 mètres au large. Il ne serait pas impossible de faire un port dans cette localité, et il ne faudrait même pas, pour cela, de très-grands travaux ; mais alors il conviendrait d'en creuser l'entrée au N. dans l'anse Pamanzi, qui deviendrait rade ou avant-port. La distance n'est pas grande : le terrain est plat, et il arrive fréquemment dans les grandes marées que l'eau déborde de ce côté. Quant à l'issue actuelle de la mer, il serait facile de la boucher.

J'ai dit plus haut que Pamanzi renfermait dans sa partie N. E. un petit lac d'eau sulfureuse, et que le manque d'eau douce ôtait tout le prix de cette île qui serait si convenable pour élever des bestiaux.

Bouzi.

Cette île, située au milieu de la rade, est haute et boisée jusqu'au sommet dans sa partie Sud et Ouest. Les mornes des pointes Nord et N. O. sont dépourvus d'arbres. Je la crois susceptible d'être cultivée sur divers points ; mais les gens du pays assurent que les rats y sont si nombreux, qu'ils détruisent les plantations et que rien n'y peut venir à maturité. Au reste, l'eau douce manquant sur cette île, on ne peut guère l'habiter. Cependant, je crois qu'on y pourrait creuser des puits. Élévation du sommet de Bouzi, 163 mètres.

Zambourou.

Zambourou est l'île située au N. de Mayotte dont parle Horsburgh, sous le nom d'île de la *Selle*, à cause de sa ressemblance avec une île d'Anjouan qui est ainsi appelée par les Européens. J'ai vu les deux, et je puis assurer que Zambourou est plus grande et beaucoup plus élevée. Elle est couverte d'arbustes et de broussailles du haut en bas; il n'y a point de terre végétale. On trouve un petit filet d'eau dans l'anse du N. E., et c'est là que campent les pirogues qui font la pêche dans ces parages. A la partie Ouest, en dedans d'un îlot qui se joint à l'île principale par une langue de terre basse, il y a une anse assez profonde dont le rivage est sablonneux ; mais elle est parsemée de coraux et inabordable de basse mer.

On assure qu'il y a sur cette île beaucoup de cabris sauvages ; mais les mornes sont si élevés et si escarpés, qu'il serait bien difficile de leur faire la chasse.

Passes.

Le grand récif dont j'ai parlé plus haut, et qui enveloppe l'île, a, dans plusieurs endroits, des coupures plus ou moins larges, mais toujours profondes, qui permettent aux navires de les franchir et d'entrer dans la petite mer intérieure. Ces coupures forment les passes. Il y en a sept principales et quelques autres secondaires qui ne peuvent être fréquentées que par des bateaux. Parmi les premières, une seule permet de chenaler directement et sans danger jusqu'aux mouillages indiqués sur mon plan ; deux autres, qui peuvent y conduire également, sont ou sinueuses ou pleines de difficultés.

Les quatre autres passes de premier ordre sont situées, l'une dans l'O. de l'île et au large, une autre au N. E., et les deux dernières à la partie Nord, de chaque côté de Zambourou. Il est bon d'ajouter de suite que, bien que ces quatre coupures donnent accès en dedans du grand récif ou ceinture extérieure, il s'en faut de beaucoup qu'on puisse ensuite venir librement aux mouillages de Pamanzi et de Bouzi. D'abord toute la partie intérieure, entre la pointe Nord de Mayotte et de Zaoudzi, est parsemée de bancs et de têtes de coraux parmi lesquels les marins du pays ne reconnaissent pas de passage pour un grand bâtiment ; ils ont refusé constamment de m'y piloter. Cependant je l'ai franchie deux fois avec *la Prévoyante*, et si j'ai touché à ma première tentative, c'est que je n'avais pas encore exploré ces parages, que j'allais en tâtonnant, et que, le soleil se trouvant précisément dans la direction de notre route, la réverbération empêcha la vigie de voir le changement de couleur d'eau.

Maintenant que j'ai sondé et recherché avec soin quels alignements pouvaient faire chenaler entre les coraux, en changeant le moins possible de direction, je suis certain qu'il y a passage, mais en même temps j'affirme qu'il y aurait plus que de la témérité à un bâtiment de guerre de le tenter sans de bonnes indications.

Je considère cette difficulté des passes comme très-avantageuse pour la défense de la partie de l'île où se trouvent les meilleurs mouillages et où il conviendrait de s'établir, si le projet s'en réalisait. Toute la difficulté de l'entrée par les passes du N. ne serait pas seulement, pour un ennemi, dans les dangers semés sur sa route; il faudrait encore, pour arriver aux bâtiments mouillés sur la rade entre Zaoudzi et Bouzi, franchir le chenal étroit et sinueux qui existe entre les petites îles *Vatou, Mognaméri* et le banc de sable de la pointe N. O. de Zaoudzi. Dans ce trajet, possible seulement avec les vents de la partie du N. et du N. E , on serait écrasé à bout portant par les batteries qu'il serait facile d'établir sur ces îles.

Ainsi voilà donc les quatre passes qui donnent accès par le N. de l'île comme si elles n'existaient pas quant à ce qui regarde la sécurité du principal mouillage, tandis que, pour les bâtiments ayant une parfaite connaissance des localités, ou de bons pilotes, ces mêmes passes présenteraient plusieurs issues quand celle de Bandéli ne serait pas praticable.

Passe Bandéli. La meilleure passe pour entrer dans Mayotte est, sans contredit, celle qui se trouve à l'E. de l'île Bandéli. Elle est facile à reconnaître au moyen des indications que je donnerai tout à l'heure. Elle est étroite, peu longue, et, aussitôt qu'on est en dedans, on peut mouiller si les vents ne permettent pas d'aller plus loin. Dans le milieu de cette passe la profondeur de l'eau n'est pas moindre de 15 brasses, et elle varie de 18 à 25, selon qu'on est plus ou moins avancé vers l'intérieur. Les récifs qui forment la limite du chenal, du côté de l'E., sont très-accores; on peut sans crainte les ranger à moins de $\frac{1}{2}$ encablure ou 100 mètres de distance; de ce même côté, et en dehors de la passe vers le N. E., la profondeur de l'eau est si grande, même à 1 encablure du récif, qu'un bâtiment pris de calme ne pourrait pas mouiller.

Le récif qui forme l'entrée Ouest de la passe est moins accore; il se termine par un fond de sable blanc, parsemé de têtes de coraux visibles à l'œil, même à 10 et 12 brasses de profondeur. Le sol s'inclinant doucement vers le chenal, on pourrait y laisser tomber l'ancre, en cas de calme ou de changement subit de vent, avantage que ne présente pas le côté de l'E.

Entre les pointes du récif les plus rapprochées, le chenal n'a que 560 mètres de largeur (pas tout à fait 3 encablures); ce qui exclut tout louvoyage pour un bâtiment un peu grand. La plus grande profondeur de l'eau ne se trouve pas sur une ligne droite, mais néanmoins l'alignement indiqué ci-après permet de faire la passe directement. Cet alignement est donné par le morne X (voir le plan) et une roche blanchie au bord de la côte. En tenant exactement cette roche sur la perpendi-

culaire abaissée du sommet du morne, on évite les récifs qui
forment les deux côtés de la passe. Toutefois, pour ne pas
s'effrayer à la vue des coraux annoncés par la nuance vert
jaunâtre de l'eau, et qu'en entrant on laisse assez près à tribord, on peut d'abord ouvrir la roche blanchie un peu à droite
du morne X, pendant le temps qu'on met à doubler la première pointe du récif, puis reprendre aussitôt l'alignement
pour ne plus le quitter que lorsque le pic *Ouchongui* arrive
par la pointe Nord de Bandéli. Alors on est en dedans de la
passe, et, dès ce moment, on peut gouverner sur la pointe
gauche de l'île Ajangua de l'O., qui est accore. On peut la
ranger à $^1/_2$ encablure lorsqu'on veut passer entre cette île et
Bouzi pour aller au mouillage de Zaoudzi.

On peut également passer à l'O. de Bouzi; mais alors il faut
ranger de près la côte N. O. de cette île, à cause des pâtés de
coraux qui partent de la pointe Choa et s'étendent plus qu'à
mi-chenal.

Il y a mouillage partout entre Bandéli et Bouzi, de même
qu'entre Bouzi et les îles Ajangua, le fond étant généralement
de vase, et la profondeur de l'eau de 18 à 23 brasses, même à
petite distance de terre.

La direction de la passe Bandéli est le N. 72° O. du compas ; en entrant, on a alors le cap sur la montagne Mavéguani, dont il ne faut pas confondre le sommet avec le
morne X, qui est en dessous et un peu sur la droite. Ce dernier est beaucoup moins apparent que la montagne et ne
tranche sur la couleur vert foncé de celle-ci que par son herbe
jaune et sa terre rouge. L'erreur aurait pour résultat de faire
passer sur la pointe du récif de tribord qui déborde le plus
dans le chenal.

Si l'on s'établissait à Mayotte, il conviendrait d'élever une
pyramide en pierre à 150 mètres dans l'O. de la roche blanchie; alors cette pyramide, vue par le sommet de Mavéguani,
donnerait la direction exacte du milieu du chenal et il n'y aurait plus de méprises. Je ne considère la roche que j'ai blanchie à la chaux que comme une balise provisoire [1].

---

[1] Il a été établi, en 1846, sur le sommet de Pamanzi, un poste où un homme
de vigie signale les navires assez longtemps avant leur arrivée pour qu'il soit
possible de leur envoyer un pilote en dehors de la passe.

De plus, la passe Bandéli est indiquée par sept bouées, quatre sur le récif du
Nord et trois sur celui du Sud. Ces bouées s'aperçoivent à 3 milles au moins,

J'ai dit tout à l'heure que la direction du chenal Bandélï était le N. 72° O. du compas; mais je déclare que, pour moi, les directions données par le compas n'ont pas grande valeur quand il s'agit de suivre une passe étroite, attendu que l'on ne s'aperçoit pas de l'effet du courant; et, bien que gouvernant très-exactement au rumb de vent indiqué, on peut s'écarter beaucoup, sans s'en douter, de la route qu'il conviendrait de suivre. Je ne connais que l'alignement donné par deux points fixes à terre, et éloignés autant que faire se peut l'un de l'autre, qui puisse inspirer la confiance qu'on suit exactement une direction dont on ne peut s'écarter sans danger. Quant aux relèvements au compas, je n'en donnerai jamais pour des plans à grands points. Quiconque s'est occupé d'hydrographie de détail sait, comme moi, à quoi s'en tenir à cet égard. Pour les personnes auxquelles il faut absolument des directions indiquées par des rumbs de vent, elles pourront chercher sur le plan celui qu'il convient de suivre, en le corrigeant de la déclinaison de l'aiguille. Je crois les rumbs utiles sur les routiers, ou cartes embrassant une grande étendue de côtes; sur les plans particuliers ils sont nuisibles.

Route à suivre pour venir chercher la passe Bandélï. Tout bâtiment, venant du cap d'Ambre ou de Nossi-Bé, doit se diriger directement sur Mayotte, en se défiant des courants qui portent au N. O. avec une vitesse qui devient moins sensible à mesure qu'on s'éloigne de Madagascar. On ne doit point s'inquiéter du banc du *Leven*, sur lequel il y a de l'eau; mais il n'en est pas de même du banc de *la Zélée* et du *Rover* ou *Fire-brass*, dont l'existence ne me paraît pas devoir être mise en doute.

Si l'on était entraîné dans le S., il faudrait veiller aussi le banc de 11 brasses porté comme douteux sur la carte. J'ai pris, auprès de divers capitaines de *daws* arabes, des renseignements sur ce banc : tous le redoutent extrêmement. Quelques-uns en avaient vu les brisants et d'autres avaient mouillé dessus, dans un endroit où le fond était de sable et corail; de cette position, les brisants se montraient jusqu'à toute vue à l'horizon, dans les deux directions E. et O.

Aïn-al-Bahr. Un homme de Mayotte, qui m'a servi de pilote pendant mon exploration, m'a assuré avoir vu une tête de roche hors de

---

et dessinent le chenal de manière à ce qu'on puisse se passer de pilote. D'autres dispositions devaient être prises pour signaler le morne X, ainsi que la roche blanchie dont il est question ici.

l'eau à la marée basse. Les Arabes appellent ce banc *Aïn-al-Bahr*, ce qui veut dire *OEil de la mer*. Pour tout renseignement quant à sa position, ils m'ont dit qu'on le rencontrait toujours lorsqu'on faisait route directe de Mayotte à Nossi-Bé, et qu'on arrivait dessus quand on n'apercevait de cette première île que le sommet des hautes montagnes. Ils supposent que ce banc a au moins de 10 à 12 milles d'étendue dans le sens N. et S., mais que la partie dangereuse n'a tout au plus que 3 milles. Pour l'éviter, en partant de Mayotte, les daws qui vont à Nossi-Bé gouvernent sur Mouron-Sang ou les îles *Radama*, puis ils longent la côte.

Mayotte s'aperçoit facilement à 20 lieues de distance, lorsque le temps est clair, et à 10 ou 15 lieues, dans les temps ordinaires. Au cinquième de sa longueur, à partir de la pointe Sud, on remarque Ouchongui qui, comme je l'ai déjà dit en parlant des montagnes, est un pic d'une forme conique parfaite. C'est le point de l'île le plus facile à reconnaître, soit qu'on vienne de l'E., du S. ou de l'Ouest. Ce n'est que lorsqu'on atterrit du côté du N. qu'on ne l'aperçoit pas, attendu qu'il est alors masqué par d'autres montagnes plus élevées.

Pour se mettre en position de connaître l'entrée de la passe Bandéli, qui est celle dans laquelle il faut donner de préférence, il faudra gouverner sur le pic Ouchongui, relevé au S. 79° O. du compas, jusqu'à ce que la montagne Mavéguani reste au N. 72° O. Dans ce trajet, en examinant attentivement les terres, on reconnaîtra successivement la grande île Pamanzi, dont les mornes sont entièrement dépourvus d'arbres; un petit îlot plat, de sable et coraux, qui est au S.; Bouzi, dans l'intérieur, en dedans du récif, qui est une île élevée et boisée; et enfin Bandéli, île qu'on doit laisser à bâbord en faisant la passe.

Du haut de la mâture, on distinguera aussi les brisants du grand récif qui part de la pointe Sud de Pamanzi, et qui s'étend circulairement jusqu'à 1 mille de Bandéli, sans autre ouverture que la passe *Longogori*, dont je parlerai tout à l'heure, et que je considère comme impraticable. On pourrait s'approcher du récif jusqu'à 1 encablure sans rien craindre, si toutefois la brise était assez fraîche pour ne pas manquer tout à coup.

La coupée des coraux qui forme la passe Bandéli se distingue facilement, à l'œil même, de dessus le pont, par la nuance bleu foncé de la mer, tandis que sur les coraux elle a une teinte bleu très-clair ou vert jaunâtre. On sera par son travers lorsqu'on relèvera Mavéguani au N. 72° O. du compas, et il n'y aura plus, pour faire le chenal, qu'à prendre l'alignement que j'ai indiqué plus haut. (Voir le croquis tracé sur le plan des mouillages de la partie Est de Mayotte.)

Passe Longogori.

La coupure Longogori, dont l'entrée est située entre le petit îlot du récif Pamanzi et la passe Bandéli, est évasée à son embouchure, se rétrécit à mesure que l'on avance, et devient sinueuse en se repliant plusieurs fois sur elle-même; enfin elle se termine par une masse de pâtés de coraux qui viennent à fleur d'eau et au milieu desquels il serait bien difficile d'indiquer un passage. J'ai examiné avec attention et à plusieurs reprises cette passe, et j'en suis toujours revenu avec cette conviction qu'elle est impraticable pour tout bâtiment de guerre. Il y a de l'eau, beaucoup d'eau même; mais, à côté de 150 pieds de profondeur, il n'est pas rare de voir surgir tout à coup un gros pâté de corail qui montre sa tête à la surface de la mer. La quantité de ces pâtés est innombrable, ce qui ne peut permettre qu'à des bateaux de passer, vu la facilité qu'ils ont de venir promptement d'un bord sur l'autre, pour chenaler entre les dangers visibles.

Les daws arabes ne s'y aventurent que lorsqu'ils y sont forcés, et cela arrive bien rarement. J'avais d'abord trouvé qu'on pouvait faire cette passe en suivant cinq directions données par des alignements; mais, ayant encore examiné plus tard la partie intérieure, je me suis perdu dans un dédale de coraux d'où je n'ai pu sortir avec mon canot qu'en allant à droite et à gauche, sans indications précises, entre les têtes les plus apparentes.

La passe Longogori (mot qui veut dire tortueuse, en souéli) n'aurait donc pas besoin d'être défendue contre l'ennemi; elle se défend assez elle-même, ce que je considère comme une chose avantageuse.

Il suit de là que je ne crois pas devoir donner aucun alignement pour s'aventurer dans cette passe, puisque je n'oserais la tenter moi-même, quoique l'ayant sondée plusieurs fois et reconnu qu'il y a de l'eau entre quelques têtes du semis de coraux dont la partie intérieure abonde.

Passe Saziley.

Pour se faire une idée de la passe Saziley, il faut d'abord jeter un coup d'œil sur la carte générale de l'île; autrement, il serait difficile d'en donner une description claire et précise pour les personnes qui n'auraient pas ce secours.

Le récif qui commence à l'E. de Bandéli, après s'être pro-

longé dans le S. et S. S. O., se termine à environ 1 mille de
la pointe Saziley. A 2 milles ¹/₂ dans le S. E. de cette même
pointe, commence un autre récif qui enveloppe toute la
côte Ouest de Mayotte, en ne laissant que quelques passages,
dont le plus large se trouve au N. O., vis-à-vis la grande baie
Boéni. L'ouverture que laissent entre eux ces deux récifs, et qui
a plus de 1 mille ¹/₂ d'étendue, forme ce qu'on appelle la passe
Saziley; mais il s'en faut de beaucoup qu'elle conserve cette
largeur en venant plus en dedans. Un grand banc de coraux,
surmonté d'un monticule d'un sable blanc qui découvre au
tiers du jusant, barre d'abord le passage lorsqu'on se dirige
sur la pointe Saziley. Voilà donc déjà la passe principale divisée en deux embranchements ou passes de moyenne grandeur.
Celle de l'E. se trouve encore barrée dans son milieu par un
autre banc de corail, ce qui la subdivise en deux autres petites
passes également praticables, mais un peu resserrées. Toutefois je puis indiquer des alignements qui permettent de chenaler en ligne droite; c'est, pour l'embranchement le plus Nord,
le morne Carré vu à gauche, et à toucher le pic Ouchongui;
pour l'embranchement du milieu, on amène, au contraire, le
morne Carré sur la droite d'Ouchongui. (Voir les croquis sur
le plan.)

Mais comme ces deux montagnes sont fort épaisses, pas
très-éloignées l'une de l'autre, et qu'il est fort difficile de juger de suite à l'œil si on est parfaitement dans l'alignement
indiqué sur le plan, il sera toujours prudent, en donnant dans
ces passes, d'avoir de bonnes vigies pour signaler les accores
du récif, ainsi que les têtes isolées qui le bordent, et dont
quelques-unes ont pu échapper à nos investigations.

L'embranchement à l'O. du banc de sable est encore passa-
blement large, mais il est difficile à suivre, en ce que, après
avoir contourné les coraux qui tiennent à ce banc, il faut, pour
venir en dedans, suivre une direction à angle droit avec celle
qu'on tenait d'abord, à moins que de mouiller, en attendant
un changement de vent, entre le récif du sable blanc et la
pointe Saziley, lieu où l'on serait peu abrité et où la mer est
toujours houleuse. Toutefois, je pense qu'avec les vents de
S. E., S. ou S. O., qui sont ceux qui règnent pendant une
grande partie de l'année, on pourrait contourner les bancs et
venir mouiller jusque sous Bandéli.

Mais si c'était un ennemi qui eût franchi ce passage, il ne
pourrait pas aller plus loin. L'ile Bandéli et la pointe de Mayotte,

qui est vis-à-vis, seraient fortifiées du moment qu'on s'établi-rait dans ce pays, et, avec du gros calibre, le passage serait impossible, sans compter que le petit banc de corail, qui se trouve au milieu du chenal S. O., serait un puissant auxiliaire pour arrêter des bâtiments qui ne connaîtraient pas sa po-sition.

Passes Zambourou. J'ai dit précédemment qu'il y avait une passe de chaque côté de Zambourou, pour venir mouiller sous Mayotte. Quoi-que jé n'aie pas exploré complétement cette partie de l'île, je puis assurer que ces passes sont faciles, ayant chacune plus de 1 mille de largeur, et les extrémités du grand récif s'annon-çant toujours par des brisants. La passe du côté de l'E. est la meilleure ; mais il ne faut pas s'approcher de Zambourou à moins de $^1/_2$ mille ou $^2/_3$ de mille ; à cette distance on voit le fond qui est de sable et corail. On pourrait mouiller sur ce point par 12 ou 15 brasses, s'il y avait nécessité. Le récif qui forme l'entrée Est de cette passe est accore ; on trouve de 30 à 40 brasses, à 1 encablure.

La passe à l'O. de Zambourou est un peu plus resserrée, et, une fois en dedans, il y a deux petites îles et un îlot appelé Choazil, ne formant qu'un seul plateau, de basse mer, qui ré-trécissent le canal et augmentent, par conséquent, les difficul-tés lorsqu'on veut venir mouiller près de la pointe Nord de Mayotte, pour de là se diriger vers Zaoudzi.

L'unique carte sur laquelle est figurée Mayotte place le mouillage dans cette partie, si j'en juge par l'ancre qui y est dessinée. Ce mouillage était bon, faute de mieux, dans un temps où les autres parties de l'île étaient inconnues ; mais, y ayant séjourné quarante-huit heures avec *la Prévoyante*, je di-rai que, dans toute cette partie, la profondeur de l'eau n'est pas moindre que 32 brasses, même tout près de la côte, ce qui est un grand inconvénient. J'ajouterai que ce mouillage ne doit pas être tenable dans la mousson du N. E., à cause de la houle. D'un autre côté, quand la brise du S. est fraîche, les rafales qui descendent des montagnes en tourbillons fatiguent beaucoup les amarres, le bâtiment présentant le travers au vent par l'effet de la marée qui porte E. et O.

Les diverses baies de cette côte ne sont pas abordables de basse mer, à cause des coraux qui tapissent le fond à 200 mètres du rivage. A toucher ces coraux du côté du large, il y a 20 brasses d'eau, et, un peu plus loin, 28 et 32 brasses.

Je reviens aux passes de Zambourou, dont celle de l'E. seulement est indiquée par Horsburgh. Ces passes, de même qu'une troisième, appelée Douamouni, par laquelle je suis sorti avec *la Prévoyante*, l'année dernière, et qui n'est autre chose qu'une coupure de $^1/_2$ mille de large dans le grand récif du N. E.; toutes ces passes, dis-je, conduisent à la partie Nord de Mayotte ; mais c'est à partir de là que commencent les difficultés pour ainsi dire insurmontables pour quiconque n'a pas un plan exact de cette partie, ou ne l'a pas sondée. Je n'ai jamais pu trouver un homme du pays qui osât me piloter. Ils venaient à mon bord en déclarant qu'ils ne connaissaient la passe qu'à partir de la pointe Nord pour aller vers le large ; que, pour la partie intérieure, ils ne voulaient pas se charger du bâtiment. Hé bien ! ces difficultés font à mes yeux la sûreté des mouillages dont j'ai dressé le plan.

L'ennemi n'oserait jamais franchir ces passages, et le fit-il, en s'avançant lentement et sondant, il serait encore arrêté par les batteries de Zaoudzi et de Mognaméri, sous lesquelles il faudrait absolument passer.

Entre Mognaméri et le plateau des îlots Effatsi, il y a un petit chenal peu ou point connu, même des gens du pays, qui permet de sortir par le N. de Mayotte, sans être obligé de suivre la passe sinueuse que j'ai signalée entre le banc de Zaoudzi et les petites îles Cacazou et Vatou ; mais il est étroit, et il ne faut pas moins de trois directions pour chenaler avec sûreté. On ne devra jamais le fréquenter qu'autant qu'on en aura une connaissance parfaite.

Pour l'ennemi, c'est comme si ce passage n'existait pas ; car, en supposant qu'il sache qu'il y en a un, il ne trouverait personne pour le piloter. D'ailleurs les batteries de Zaoudzi et de Mognaméri, ainsi que je le disais tout à l'heure, seraient un obstacle insurmontable.

La petite passe entre Bandéli et le récif du S. E. n'étant point une issue pour arriver dans la rade ou en sortir, offre peu d'intérêt. C'est plutôt un petit mouillage provisoire pour le cas où, le vent venant à manquer au moment de donner dans la passe Bandéli, on voudrait attendre la marée suivante ou une brise plus favorable pour continuer sa route. On a de 8 à 12 brasses d'eau, à 1 encablure $^1/_2$ de l'île, sur un fond de sable ou sable et corail. Il y a de la houle à ce mouillage quand le récif brise du côté du large.

En résumé, voici mon opinion sur les diverses passes qui peuvent conduire au mouillage de Zaoudzi. Je regarde celle

Petite passe au Nord de Mognaméri.

Petite passe entre Bandéli et le récif du S. E.

Conclusion au sujet des passes.

du Nord comme impraticable pour l'ennemi, soit à cause des dangers dont elle est parsemée, soit à cause des batteries qu'on pourrait établir, avec la plus grande facilité, à quelques centaines de mètres du chenal. Cette même passe, au contraire, pourrait servir d'issue aux bâtiments mouillés en dedans, du moment qu'on aurait pu former quelques pilotes, placé des bouées, ou déterminé de bons alignements, chose facile, d'après ce que j'ai vu.

La passe Bandéli est bonne, commode, et d'un facile accès, puisque sa direction étant l'O. quelques degrés N., on peut chenaler aussi bien avec les vents de N. E. qu'avec ceux du S. E. et du Sud. Cette passe peut être défendue contre l'ennemi par des batteries placées sur Bandéli, et même, si cela était jugé nécessaire par les hommes de l'art, par un fort construit sur l'extrémité du récif Ajangua, qui fait face à l'île.

La passe Saziley, avec ses trois embranchements, est d'un accès beaucoup plus difficile que la précédente, à cause du contour qu'il faut faire, des pâtés de coraux qu'il faut éviter, et aussi parce que les vents du S. sont les seuls qui permettent de venir jusqu'au point où les feux des batteries de Bandéli, se croisant avec celui d'une autre batterie établie à la côte, sur la pointe de la roche blanchie, défendraient le passage. En un mot, la passe Saziley, quelque belle qu'elle paraisse au premier coup d'œil, n'a pas un accès direct sur les rades qui peuvent être défendues, et c'est en cela surtout que consiste son désavantage.

Ainsi, voilà entre Zaoudzi, Pamanzi et Bouzi, d'une part; entre Bouzi, les îles Ajangua et Bandéli, d'une autre part, plusieurs rades défendues et abritées dans lesquelles je me chargerais de mouiller 25 vaisseaux de ligne.

Il me reste à examiner séparément chacun de ces mouillages.

Rades et mouillages.

On peut donner le nom de rade à tout l'espace compris entre la côte S. E. de Mayotte et les îles ou récifs qui la défendent du côté de l'Est. C'est une petite mer intérieure dont le principal inconvénient, à mon avis, est d'avoir trop d'étendue, ce qui rend l'abri moins efficace; et d'avoir une profondeur d'eau un peu trop grande dans les endroits où le fond est de vase, ce qui oblige à filer une plus longue touée, et augmente par conséquent les difficultés de l'appareillage.

Je divise cette rade en quatre principaux mouillages : celui
de l'anse Pamanzi (au N. E. de Zaoudzi) ; celui entre Zaoudzi
et Bouzi; celui à l'O. de Bouzi, par le travers de l'anse d'E-
benney; et enfin celui de l'anse Amoro. Au reste, pour donner
encore plus de latitude à cet égard, j'ajoute de suite qu'on peut
mouiller partout où il n'y a pas de bancs ou pâtés de coraux,
le fond étant généralement de sable ou de vase. La direction
des vents régnants, dans la saison où l'on se trouve, doit être
d'une considération majeure dans le choix des mouillages.

L'espace à l'O. de Pamanzi compris entre Zaoudzi et Bouzi
peut être considéré comme la principale rade de Mayotte, et Rade de Zaoudzi.
le rendez-vous général des bâtiments qui stationneraient dans
cette île, si Zaoudzi continuait à être la résidence du gouver-
nement local. Cette petite île, qui n'est qu'un rocher stérile,
est facile à fortifier. Par sa position, elle peut protéger efficacement deux mouillages, défendre la passe du N. et résister
à un ennemi qui l'attaquerait par terre. Après cela, comme
elle est dominée par les hauteurs de Pamanzi, et notamment
par un morne qui en est assez rapproché, il serait convenable,
avant de faire les frais d'un établissement, de faire examiner cette localité par des hommes qui ont fait une étude spé-
ciale des moyens de défense des places. Quant à moi, je con-
fesse mon ignorance en cette matière, et déclare seulement
qu'un débarquement de troupes sur la côte extérieure de Pamanzi ne me semble pas impossible à exécuter par un beau
temps.

Zaoudzi est en ce moment entourée d'une mauvaise muraille
en pierres sèches, qui s'écroulerait aux premiers coups de
canon dirigés sur elle; mais elle pourrait être remplacée par
des remparts.

Je reviens à la rade. Elle peut contenir facilement dix ou
quinze bâtiments, et même bien davantage, puisqu'il y a mouillage tout le long de Pamanzi, à $\frac{1}{2}$ mille de terre jusqu'au delà
de l'île *Ajangua*, la plus Est. Le fond varie depuis 12 à 18 brasses, mais partout la tenue est bonne. Il ne faut pas s'approcher de Zaoudzi en deçà de 10 brasses, à cause du banc de
sable et corail qui tient à cette île, et dont les abords sont
alors peu éloignés; d'un autre côté, par ce brassiage, la vase
cesse, et le fond devient dur.

Voici les alignements du mouillage que je crois le plus convenable, tant sous le rapport de la tenue que sous celui de
la commodité des communications avec la ville : *Mavéguani*, par

la pointe Nord de *Bouzi; Monsaperey*, par la partie droite de la pointe *Chou;* les deux îlots Ouest *Effatsi*, par la pointe gauche de *Mognaméri*. On n'est alors qu'à ⅓ de mille de la ville, et par un fond de 12 brasses.

Mouillage de l'anse Pamanzi.

Le mouillage de l'anse Pamanzi convient parfaitement aux petits bâtiments pendant la mousson du S. O. C'est là que se tiennent ordinairement les daws arabes. On n'est qu'à 1 ou 2 encablures de la ville, par 7, 9 et 12 brasses, sur un fond de sable vaseux ou vase. Si cette anse était abritée des vents du N. E., on pourrait s'y caréner en toute saison. Quand je dis qu'elle convient aux petits bâtiments, je n'entends pas du tout en exclure les corvettes ni même les frégates ; mais les difficultés de la passe entre les îlots et le banc de Zaoudzi sont en raison de la dimension des bâtiments. Un vaisseau pourrait y passer en se touant, et il y a assez d'eau dans l'anse Pamanzi pour le recevoir. Ce qui m'empêche de donner le nom de port à cette anse, c'est que, comme je l'ai déjà dit, on n'y est pas abrité des vents de N. E., qui sont ceux de la plus mauvaise saison. Je signalerai tout à l'heure une localité que je crois plus convenable pour faire un petit port de carénage, sauf meilleur avis.

Mouillage à l'O. et au S. O. de Bouzi.

Le mouillage à l'O. et au S. O. de Bouzi est fort étendu, n'étant limité au N. E. que par l'île Bouzi, qui est très-accore de ce côté, si l'on en excepte un petit plateau de corail qui se trouve à 150 mètres du rivage, un peu en dedans de la pointe basse du S. S. O. On trouve aussi, vis-à-vis la partie droite des anses Ironi et d'Ebenney, quelques petits bancs de coraux dont il faut se défier ; mais l'espace qui reste libre pour le mouillage est encore très-grand, surtout dans le sens Nord et Sud. On peut aussi jeter l'ancre dans l'anse même d'Ebenney, pour faire son eau dans la petite rivière dont l'embouchure se trouve parmi les palétuviers du fond. On pourra s'approcher jusque par 10 ou 12 brasses, sans cesser d'avoir une bonne tenue.

Aux divers mouillages de Bouzi, soit à l'O. ou au S. O., soit au S. E. entre cette île et les îlots d'Ajangua, la sonde donne généralement de 16 à 23 brasses, fond de vase molle. L'inconvénient de ces mouillages est de n'y être pas parfaitement abrité avec les vents de S. E. et de Sud. Le meilleur alors est sous l'île Ajangua de l'Ouest, à 2 encablures de distance, et par 16 brasses.

Mouillage de l'anse Amoro.

L'anse Amoro étant plus profonde que les autres, et sa convexité se tournant au S. O., de manière que la pointe gauche de l'entrée déborde un peu vers l'E., il s'ensuit qu'on y est plus abrité qu'ailleurs des vents du S. et du S. E., pourvu qu'on ait le soin de jeter l'ancre le plus en dedans possible. Il y a de l'eau jusqu'à ¹/₂ encablure des palétuviers, et bonne tenue. A 200 mètres, on a une profondeur de 10 à 12 brasses, et une mer belle.

La pointe Nord de l'entrée est moins saine que celle du Sud, à cause d'un petit récif qui vient à fleur d'eau de basse mer, et qui part de cette pointe et se prolonge vers l'E. S. E. à environ 200 mètres de distance.

C'est dans cette anse que se tiennent les daws arabes, quand ils attendent un vent favorable pour sortir par la passe Bandéli, qui est la seule qu'ils osent fréquenter. Ce point de relâche dans ce but me paraît très-bien choisi, et je ne puis qu'engager les capitaines des bâtiments à faire de même. On ne peut pas sortir avec les vents de S. O. par la passe Bandéli ; mais comme, dans la belle saison, cette brise tombe le soir, et qu'au point du jour, étant dans l'anse Amoro, on a une fraîcheur de terre, il est facile d'en profiter pour franchir la passe, en s'aidant de la marée, et de ses embarcations si cela est nécessaire.

Si, par une circonstance quelconque, on était obligé d'entrer dans Mayotte par une des passes de Saziley, et qu'on fût forcé de mouiller dans l'une des quatre anses assez vastes qui sont entre la pointe Saziley et la pointe Amoro, on donnerait la préférence à l'anse Miambani, comme étant celle où la mer est plus belle. Dans les autres, et surtout dans l'anse Bandéli, la houle est très-forte.

Dans l'anse Miambani, il y a un petit banc de corail qu'il faudra éviter. Il est dans la direction de la pointe Sud de l'île Bambo, vu par le sommet de Bandéli ; étant sur ce banc, Ouchongui se relève à l'O. 3° N.

On pourrait aussi mouiller à terre de l'île Bambo ; mais on ne peut guère compter sur l'abri que donnerait cette île, puisque, la direction de sa longueur étant S. E. et N. O., c'est sa partie étroite qu'elle présente aux vents dominants.

L'île Bambo est très-saine en tout sens à moins de 1 encablure de distance. La pointe Sud est garnie de quelques roches noires auxquelles tient un récif qui se prolonge à 150 mètres dans le S. E. A la partie du N. O., il y a un petit banc de sable qui tient à l'île.

La pointe de la presqu'île Bambo est comme celle de l'île

de ce nom, garnie de quelques roches et d'un récif qui se prolonge à 1 encablure au large.

Quant à la pointe Saziley, on peut la ranger à 100 mètres de distance, et gouverner de là entre l'île Bambo et Bandéli, sans avoir à craindre d'autres dangers que le double pâté de corail situé entre la presqu'île Bambo et Bandéli. Pour l'éviter en passant à l'E., il faut tenir Aombé par la pointe gauche de l'île Ajangua du milieu. Pour passer à l'O., il faut tenir la pointe Amoro par la pointe droite de Bouzi, puis revenir un peu sur tribord dès qu'on a dépassé le récif, afin d'éviter les coraux de la pointe Bandéli.

Choa, qui est une presqu'île sur laquelle les Sakalaves se sont établis, est un point important pour la défense de Mayotte. Sans la possession de ce point, qui est la clef des communications avec toute l'île, Zaoudzi, pris par la famine, ne résisterait pas longtemps.

L'anse qui est au N. de la pointe Choa peut recevoir quelques petits bâtiments. Ils y seraient abrités parfaitement des vents de S. O. et de S.; et, avec ceux de la partie du N. E., sans y être très-bien, ils seraient cependant mieux que dans l'anse Pamanzi, parce que les îles Mognaméri, Caçazou, etc., rompent un peu la mer.

Une des grandes difficultés pour faire un établissement maritime à Mayotte serait le manque de bois de construction. La seule forêt qui existe est dans la partie S. O. de l'île, assez loin du rivage; et encore les beaux arbres, m'a-t-on dit, y sont rares. Au reste, ne l'ayant point visitée, je n'en parle que sur le dire de M. Passot.

Quant au bois de chauffage, on s'en procure assez difficilement aux environs de Zaoudzi, mais un bâtiment qui voudrait en faire un approvisionnement pourrait aller mouiller près de la pointe Nord de l'île, au delà de Longoni, où il le ferait avec facilité.

J'ai déjà dit ailleurs que les cours d'eau étaient fort rares à Mayotte, et que, dans toute la partie de côte que j'ai explorée, je n'ai trouvé que la petite rivière d'Ebenney où une chaloupe pût remplir ses pièces commodément, et encore, pour qu'elle pût avoir une eau de bonne qualité, il faudrait deux marées pour chaque voyage, attendu que, quand la mer est assez basse pour que l'eau soit parfaitement douce dans la rivière, l'embouchure assèche, et alors l'embarcation ne peut sortir qu'à la marée suivante, ce qui est un grand inconvénient. L'eau de l'aiguade qui est plus au N., au delà d'une terre rouge, m'a paru bonne, et il serait possible d'en augmenter le volume en réunissant divers filets séparés et les faisant aboutir à un réservoir creusé exprès. La plus grande difficulté serait d'empêcher la mer d'entrer dans ce réservoir aux époques des syzygies.

M. Passot croit qu'un bâtiment ferait facilement son eau à la cascade de la côte Ouest ; ne l'ayant pas vue, je ne puis donner mon avis à cet égard ; mais je sais qu'Anjouan a en abondance une eau excellente, et il ne faut que quelques heures pour aller d'une île à l'autre.

Pour mettre la rade intérieure de Mayotte à l'abri d'un coup de main de la part de l'ennemi, il y aurait trois passes à défendre ; celle du N. entre Zaoudzi et la pointe Choa, la passe à l'E. de Bandéli, et enfin celle entre cette île et la pointe Amoro.

Zaoudzi, par sa forme et sa position centrale, est un point très-important et facile à fortifier. Les batteries qui y seraient établies protégeraient les deux rades qui en sont voisines, et battraient sur la passe, soit qu'on chenalât à l'O. ou à l'E. de Mognaméri. J'ai dit ailleurs que la passe de l'O. n'était jamais pratiquée, même par les marins du pays, dont la plupart ignorent son existence. Ce serait aux gens de l'art à examiner sur lequel des deux points, Mognaméri et la pointe Choa, il conviendrait d'établir une batterie pour croiser ses feux avec celle de Zaoudzi. Mon avis serait pour la pointe Choa, parce que c'est, comme je l'ai déjà dit, une presqu'île élevée, facile à défendre, et dont il serait important de rester toujours maître, pour que l'ennemi ne s'en emparât pas dans un débarquement. D'ailleurs, par ce point, on conserverait toujours les communications avec la grande île, et c'est de ce côté que les vivres arrivent.

La distance des hauteurs de la pointe Choa aux remparts de Zaoudzi est de 2,000 mètres. Pour que les feux des batteries puissent se croiser efficacement sur la passe, il faudrait au moins, de part et d'autre, du calibre de 18, dont la portée, sous un angle de tir de 3°, est de 1,200 mètres environ. Or, le milieu de la passe, entre la pointe du banc de sable et les roches de Choa, n'étant qu'à 650 mètres du point où pourrait être établie la batterie de ce nom, il s'ensuit que les bâtiments qui voudraient la franchir de force seraient exposés à être coulés.

Si, en outre de cela, une autre batterie était élevée sur Mognaméri, il est évident que la passe serait encore mieux défendue; mais je crois que l'essentiel serait de mettre en parfaite sécurité les navires qui seraient dans l'anse Pamanzi, et pour cela Zaoudzi est admirablement placé.

Après Zaoudzi, c'est l'île Bandéli qu'il faudrait fortifier avec le plus de soin, comme le seul point qui puisse protéger la passe principale ; et encore faudrait-il y mettre du gros calibre et des mortiers, attendu que la distance de cette île à l'accore Est du récif de la passe est de 2,150 mètres; or, il n'y a que les pièces de 24 et les obusiers de 8 en fer coulé, dont les projectiles puissent atteindre à cette distance, et même on serait obligé pour cela de pointer ces pièces sous des angles de tir qui rendent la justesse incertaine.

Si par la suite Mayotte devenait une possession importante, et qu'il fallût conserver à tout prix, on pourrait construire un fort sur l'extrémité du récif qui fait face à Bandéli, et alors cette passe serait parfaitement défendue.

La même batterie établie sur Bandéli (si la chose était possible) devrait aussi battre du côté du N. O. afin de défendre le passage qui se trouve de ce côté, et dans lequel pourraient s'engager les bâtiments qui auraient franchi une des passes Saziley. La distance de Bandéli à la partie Ouest du chenal que pourrait suivre un bâtiment est de 1,600 mètres, et, par conséquent, il faudrait encore ici du calibre de 24 pour défendre ce troisième et dernier passage qui donne accès dans la rade. En résumé, c'est donc au moins quatre points, et peut-être cinq, à fortifier pour mettre la rade de Mayotte à l'abri d'un coup de main.

Port de carénage. J'ai dit plus haut, en parlant de Pamanzi, que je croyais possible de creuser dans sa partie Ouest, à l'endroit où la mer entre déjà fort avant, un bassin, dont l'ouverture tournée au N. donnerait dans l'anse Pamanzi.

Comme les travaux qu'il faudrait exécuter pour arriver à ce résultat me sont tout à fait étrangers, et que je ne saurais juger, ni du temps qu'il faudrait pour en venir à bout, ni des dépenses qu'ils occasionneraient, j'ai dû chercher si je ne trouverais pas ailleurs un petit port tout creusé, et où il n'y eût plus qu'un quai à construire. La crique *Longoni*, derrière la presqu'île de ce nom, a fixé mon attention, et, comme cette partie de la côte de Mayotte ne se trouve pas sur mon grand plan, j'ai dressé à part un petit plan du mouillage de Longoni, puis construit, à une échelle quadruple, le plan de la crique, que je crois susceptible de devenir un petit port de carénage ; et, afin que les personnes appelées à juger la question de prise de possession de Mayotte, si elle venait à être agitée sérieusement, puissent avoir une idée de l'ensemble de cette île, j'ai tracé à la hâte un aperçu de sa configuration avec les petites îles et récifs dont elle est entourée. La partie non explorée est indiquée d'une manière différente de celle qui l'a été.

La crique Longoni est abritée des vents de N. E. comme de ceux du S., et il n'y a jamais de mer à toucher les coraux peu étendus qui tiennent à la presqu'île, et sur lesquels un quai pourrait être construit ; il reste à la mer basse de 20 à 25 pieds d'eau ; dans le milieu de la crique il y a de 35 à 50 pieds fond de vase. Sa limite Ouest est défendue par des roches hors de l'eau, et auxquelles tient un récif qui se prolonge vers le N., sur lequel une jetée pourrait être bâtie, et qui servirait à amarrer les bâtiments.

Une petite rade bien abritée, et où la tenue est excellente, se trouve au sortir de la crique. Cette rade et le port seraient protégés par la presqu'île, qui, par sa forme et sa position, est naturellement une citadelle à laquelle il ne manque que des canons. Un petit ruisseau peu abondant coule dans le fond de la baie Longoni, l'eau en est un peu blanchâtre à la vérité, mais sans aucun mauvais goût.

Voilà ce que présente Longoni, seul point de la côte orientale de Mayotte qui m'ait paru susceptible de devenir un petit port de carénage : mais il faudrait pour cela exécuter des travaux, moins sans doute qu'à Pamanzi, mais encore il faudrait du temps et de l'argent pour faire quelque chose de cette localité.

TABLEAU *indiquant jour par jour la température, les vents, les courants, les déclinaisons de l'aiguille, observés à bord de la Prévoyante, pendant son voyage à Madagascar et aux Îles Comore (1840 et 1841)* [1].

DATES.	VENTS.	ÉTAT DU CIEL.	THERMOMÈTRE centigrade.	LATITUDE Sud à midi.
1840.			**TRAVERSÉE DE BOURBON A**	
22 décem..	E. N. E., frais	Nuageux	28° 2	19°56'30"
23	N. E. et N. N. E., frais	Orageux et à grains	28 4	18 40 40
24	Variable de l'E. N. E. au N. N. E.	Nuageux et à grains	28 3	17 42 00
25	Variable N. N. O. à l'E. N. E., faible	Idem, éclairs	28 5	17 54 00
26	Mouillé sur la rade de Sainte-Marie.		**TRAVERSÉE DE SAINTE-MARIE**	
29	S. et S. E.	Nuageux et à grains	29 0	15 57 30
30	S. variable au S. O.	Couvert et pluvieux	»	»
31	S. et S. E.	Couvert et à grains	»	»
1841.				
1er janvier	Très-variables	Beau	28 8	En vue de
			TRAVERSÉE DE NOSSI-	
27	Variable de l'O. au N. O.	Beau	28 6	12 40 13
28	Idem, faibles	Idem	28 7	12 30 00
29	Variable du S. S. E. à l'O. S. O.	Couvert	28 6	11 41 30
30	Idem	Couvert; grains	28 7	11 55 17
31	Variable de l'E. S. E. au S. S. E.	Idem	29 0	Dans les passes
5 mai	Étant à Mohilli, on a fait des observations dont voici le résultat..........................			
6	Étant au mouillage d'Anjouan, vis-à-vis l'aiguade principale, à 2/3 de mille dans le S. 76° O.		**TRAVERSÉE D'ANJOUAN**	
9	S. S. O., bon frais	Nuageux; grains	30 0	11 42 15
10	Variable du S. S. O. à l'E.	Nuageux	29 8	12 01 50
11	Variable du S. E. à l'E. N. E.	Beau	30 1	11 40 22
12	Idem	Couvert et à grains	30 0	10 15 20
13	S. E., bon frais	Idem	30 2	8 41 50
14	S. E. et S. S. E.	Beau	30 2	7 48 50
15	Variable du S. à l'E. S. E.	Idem	30 5	7 00 10
16	S. E. et E. S. E., petite brise	Idem	30 5	6 41 19
17	S. E. et S. S. E.	Idem	31 0	5 51 27
			Du 17 à 10 h. du s. au	
18	S. et S. S. E.	Beau	30 8	6 00 17
19	Idem	Idem	31 2	5 51 57
20	S. E. et S. S. E.	Idem	31 2	5 30 32
21	Variable du N. E. au S. S. E.	Couvert et à grains	31 3	4 46 25
22	S. E. et S. S. E.	Idem	31 2	4 20 12
23	Idem	Beau	31 3	4 49 00
24	E. S. E. et S. E.	Idem	31 2	5 31 15
25	Idem, faible	Idem	31 1	5 49 00
26	Idem	Idem	31 2	5 40 18
27	Variable du S. à l'E., faible	Idem	30 6	5 42 57
28	E.	Nuageux	30 7	6 53 00
29	E. et E. S. E.	Idem	30 5	7 38 36
30	S. E. et S. S. E.	Couvert et à grains	30 5	8 07 12
31	Idem	Beau	30 4	7 44 15
1er juin	Idem	Nuageux	30 4	7 59 30
2	Idem	Nuageux et à grains	30 1	9 38 45
3	S. E., frais	Idem	29 4	11 19 12
4	Idem	Idem	29 0	12 58 50
5	Idem	Idem	28 5	14 56 50
6	Idem	Idem	28 2	14 15 00
7	S. E. et S. S. E.	Idem	27 5	15 32 50
8	Idem, frais	Idem	27 0	16 58 40
9	Idem	Idem	26 8	18 42 00
10	Idem	Couvert et à grains	26 5	19 57 20
11	Idem	Nuageux	27 0	20 53 40
12	E. et E. S. E.	Idem	27 4	19 47 13
13	E. S., faibles	Idem	27 2	20 45 15
14	E. et E. N. E.	Idem	27 2	21 12 00
15	S. E. et calme	Beau	27 2	

[1] Le seul baromètre qui fût à bord ayant été cassé dès le jour de notre sortie de Bourbon, nous n'avons pu joindre à ce tableau des observations barométriques.

LONGITUDE Est à midi.	DÉCLINAISON de l'aiguille.	COURANTS dans les 24 heures.	OBSERVATIONS.
SAINTE-MARIE DE MADAGASCAR.			
51°30'	13°30'N.O.	15m à l'O.	Parti de Saint-Denis, le 21 décembre 1840, à 6 h. du soir.
49 48 30	13 00	22,1 N. 74°O.	
48 41	12 21	18,0 S. 72 O.	
47 46 estim	»	»	En vue de la côte de Madagascar; pendant la nuit, le courant nous a portés dans le S., de 10 à 12 milles.
			Longitude de l'Îlot, d'après nos montres s'accordant bien. 47°34'40"E.
			D'après Owen.. 47 28 24 E.
A NOSSI-MITSIOU.			Différence...... 0 6 16
48 14 10	»	7,0 N. 15 E.	
»	»	»	Longitude du cap d'Ambre, d'après nos montres...... 46°53'26"E.
»	»	»	D'après Owen................................... 46 53 24
			Différence...... 0 5 2
Nossi-Mitsiou.	»	»	Longitude d'Ancarea (Nossi-Mitsiou)................ 46°19'25" 6
MITSIOU A MAYOTTE.			D'après Owen............................ 46 10 43
			Différence...... 0 08 42 6
45 40	»	»	Il n'y a pas eu d'observations de longitude.
45 10	13 51	»	Idem.
44 38 10	»	17m au N.	Les îles Glorieuses en vue.
43 50 20	10 34	25 S. 80°O.	POSITION DES ILES GLORIEUSES. Latitude... 11°35'41"S.—Longitude.. 45°02'15"E.
de Mayotte.	»	»	POSITION DE LA VILLE DE MOHELLI. Latitude... 12°15'36"S.—Longitude.. 41°33'44"E. Déclinaison de l'aiguille........ 10°45'N.O.
de la ville............			MOUILLAGE D'ANJOUAN. Latitude.... 12°8'47"S.—Longitude... 42°11'25"E.
A BOURBON.			
44 24 17	12 0 N.O.	29m N. 55°O.	Parti d'Anjouan, le 8 mai, au matin.
44 42 24	10 6	43 S. 47 O.	Le 11, à midi 15m, les îles Glorieuses en vue du haut des mâts.
44 55 30	»	14 S. 61 O.	
45 5 24	»	44 à l'O.	Le 12, au soir, aperçu les îles Cosmolédo.
45 37 00	»	40 S. 75 O.	
47 10 45	9 22	14 N. 13 O.	ILE DE L'ÉTOILE. Latitude S....................... 6°51'38"
48 10 40	»	8 N. 41 O.	Longitude E....................... 50 49 54
49 07 30	9 0	24 N. 37 O.	ILE PRÉVOYANTE. Latitude S....................... 6°05'32"
50 52 20	»	14 N. 54 E.	Longitude E....................... 50 38 03
à midi 30m, au mouill. sous l'île Prévoyante.			
51 53 50	7 20	11 S. 61 O.	Gisement par rapport à l'île de l'Étoile, S. 40° O. du monde.
52 54 42	6 07	Peu sensibles	Déclinaison de l'aiguille, 6° 19' N. O.
53 41 14	6 15	8 N. 22 E.	(NOTA. La longitude que nous donnons ici est plus E. de 6° 54' que celle du capitaine Owen.)
54 47 45	»	11 N. 5 E.	
56 2 30	6 35	27 N. 65 E.	
55 54 15	5 19	6 N.	
55 52 25	»	Peu sensibles	
55 56 02	»	Idem.	
56 46 30	6 15	12 N. 40 E.	
57 08 00	»	18 N. 34 E.	
56 50 50	6 28	»	Pas d'observations.
55 30 00	6 20	25 S. 57 O.	
55 54 45	7 05	22 . O.	
57 08 30	»	11 O.	
57 12 45	7 0	53 O.	
55 47 30	»	42 S. 69 O.	Entre le banc Saya de Malha et Caléga.
54 45 17	»	26 S. 60 O.	
53 54 45	9 5	42 S. 70 O.	Dans l'O. du banc de Cargados-Carayos.
52 18 30	10 24	45 S. 70 O.	Idem.
53 18 15	10 0	Peu sensibles	
53 07 00	11 42	25 S. 69 O.	
52 43 20	12 29	27 S. 61 O.	
51 36 00	»	42 S. 84 O.	
51 53 10	»	24 N. 72 O.	
51 43 27	»	20 S. 75 O.	Dans l'O. de Bourbon, à 22 lieues.
52 05 40	»	20 O.	
52 12 45	»	23 S. 80 O.	Bourbon en vue.
52 36 20	»	14 S. 10 E.	Dans l'O. de Bourbon.

TABLE.

	Pages.
Renseignements nautiques sur Nossi-Bé	5
Position géographique, aspect du pays	6
Cours d'eau	7
Climat, vents	8 et 9
Marées, courants	10
Route à suivre pour aller au mouillage, en passant par le Nord et par l'Ouest de l'île	11
Route par l'Est et par le Sud de Nossi-Bé	14
Divers mouillages de Nossi-Bé	16
Ressources qu'offre Nossi-Bé aux navires en relâche	22
Etat sanitaire	24
Nossi-Cumba	26
Nossi-Mitsiou	27
Bavatoubé	30
Ilot Mamouko; grande baie de Passandava	31
Nossi-Fali	32
Tableau des sondes faites sur le banc de Saya de Malha dans la journée du 23 au 24 septembre 1840	33
Traversée de Bourbon à Nossi-Bé et Mayotte, et retour de Mayotte à Bourbon	34
Renseignements nautiques et autres sur l'ile Mayotte	37
Position géographique, configuration	38 et 39
Montagnes	40
Température, vents, saisons, salubrité	41
Population, productions	42 et 43
Rivières ou cours d'eau, lacs	44
Récifs et pâtés de coraux	45
Marées, courants	46 et 47
Iles principales qui entourent Mayotte	47
Passes	49
Rades et mouillages	58
Moyens de défense de la rade	63
Port de carénage; crique Longoni	64 et 65
Tableau indiquant, jour par jour, la température, les vents, les courants, la déclinaison de l'aiguille, observés à bord de *la Prévoyante* pendant son voyage à Madagascar et aux îles Comore	66

Paris, Paul Dupont, rue de Grenelle-Saint-Honoré, 55.

LIBRAIRES

CHARGÉS DE LA VENTE DES PUBLICATIONS

Du Dépôt de la Marine.

————◦————

PARIS. — Ledoyen, Palais-National, galerie vitrée, n° 31.
DUNKERQUE. — Mme Théry, successeur de Veuve Lancel.
DIEPPE. — Deparis fils.
LE HAVRE. — Cochard.
ROUEN. — A. Le Brument.
CHERBOURG. — Le Poittevin.
GRANVILLE. — Mme Seyty, née Grimbot.
SAINT-MALO. — Coni-Beaucaire.
SAINT-BRIEUC. — L. Prudhomme.
BREST. — Veuve J.-B. Lefournier.
LORIENT. — Leroux-Cassard.
NANTES. — Demoiselles Forest.
LA ROCHELLE. — A^is Caillaud.
BORDEAUX. — Chaumas-Gayet.
CETTE. — Alexandre Martin fils.
MARSEILLE. — Trabaud.
TOULON. — Marius Nouvelle.

————

ERRATA.

Dans quelques exemplaires de ces Renseignements sur NOSSI-BÉ, etc.,
à la ligne 11 de la Table, *au lieu de :* Etat sanitaire.... 24, *lisez :*
Etat sanitaire.... 25.

PARIS, IMPRIMERIE DE PAUL DUPONT.